Ferdinand Raimund

Die unheilbringende Krone

König ohne Reich, Held ohne Mut, Schönheit ohne Jugend

Ferdinand Raimund

Die unheilbringende Krone
König ohne Reich, Held ohne Mut, Schönheit ohne Jugend

ISBN/EAN: 9783337351946

Hergestellt in Europa, USA, Kanada, Australien, Japan

Cover: Foto ©ninafisch / pixelio.de

Weitere Bücher finden Sie auf **www.hansebooks.com**

Die unheilbringende Krone
oder
König ohne Reich, Held ohne Mut, Schönheit ohne Jugend

Ferdinand Raimund

Original-tragisch-komisches Zauberspiel in zwei Aufzügen

Personen
Lucina, Schutzgöttin von Agrigent.
Hades, Fürst der Unterwelt.
Thanatos, Genius des ewigen Schlafes.
Lulu und Fanfu, Genien.
Tisiphone, Megära und Alecto, Furien.
Kreon, König von Agrigent.
Phalarius, Feldherr.
Antrogäus, Unterfeldherr.
Androkles und Clitonius, Hauptleute des Phalarius.
Octavian, ein Landmann.
Ein Jäger von des Phalarius Gefolge.
Simplizius Zitternadel, ein armer Dorfschneider.
Ewald, ein Dichter.
Riegelsam, ein Weinhändler.
Heraklius, Fürst von Massana.
Hermodius, sein erster Minister.
Thestius, ein edler Massanier.

Arete, seine Nichte.
Adrasto, erster Diener des Tempels.
Epaminondas, Hypomedon, Argos und Sillius, Massanier.
Eine Frau von Massana.
Ein Diener des Thestius.
Dardonius, Fürst von Kallidalos.
Olimar, Astrachan, Abukar und Nimelot, Bewohner von Kallidalos.
　Aloe.
Atritia, ihre Nichte.
Erster, Zweiter und Dritter Geist des Orkus.

Genien. Geister. Erscheinungen. Edle und Krieger von Agrigent. Jagdgefolge. Volk von Massana. Krieger. Höflinge und Volk von Kallidalos. Priesterinnen im Venustempel.

Erster Aufzug.

Erste Szene.
(Finsterer Wald.)

Im Hintergrunde links ein gigantischer Fels, mit einer durch ein ehernes Tor geschlossenen Höhle. Neben der Pforte stehen mit Fackel und Dolch bewaffnet die zwei Eumeniden Tisiphone und Alecto, aus Stein gehauen. Megära, die dritte, ist über derselben in sitzender Stellung angebracht. Die Pforte ist symbolisch verziert, neben ihr ein steinerner Opferaltar. In der Tiefe der Bühne ein See, von rauhen mit Bäumen bewachsenen Felsen umschlossen. Im Vordergrund rechts ein Gebüsche. Donner murmelt durch den in weiter Ferne erschallenden

Jubelchor.

Wie des Adlers Kraftgefieder
Seinen Leib zur Sonne trägt,
Fliegen aufwärts unsre Lieder,
Durch der Freude Schwung bewegt.
Glücklich, wie in Himmelszonen,
Von der Erde Leid getrennt,
Stolz die ew'gen Götter thronen,
Herrsch' Kreon in Agrigent.

Phalarius (tritt mit wild zurückschauenden Blicken hastig ein, er
trägt ein Pantherfell über dem Rücken und ist mit Bogen und Pfeil
bewaffnet).
Bin ich denn noch nicht weit genug gezogen,
Verräterische Stadt, die mich betrogen?
Wird auch des Waldes düstre Einsamkeit
Durch deines Jubels frechen Schall entweiht?

(Die letzten Worte des Jubelchores erklingen wieder:
"Herrsch' Kreon in Agrigent."

Herrsch' nur Kreon, Volk, jauchz' die Kehle wund,
Ihr zwingt das Glück zu keinem ew'gen Bund.
Prahlt, Lügner, mit der Kron', die ich erkämpft,
Da nur mein Mut des Krieges Glut gedämpft.
Mich laßt aus Undank meinen Purpur weben,
Ihn färben mit dem ausgeströmten Leben.
Das ich vergeudet am ersiegten Strand,
Den Lorbeer brechend mit der blut'gen Hand.
Glaubt ihr, ich hab' für Agrigent gestritten,
Damit der Rat, nach ungerechten Sitten,
Das Reich verkauft an den unmünd'gen Knaben,
Auf das nur ich ein wahrhaft Recht kann haben?
Denn ist er auch dem Thron verwandt durch Blut,

Bin ich es würd'ger noch durch Heldenmut.
Ich glaub' nicht, was des Tempels Diener sagten,
Als schlau sie Jupiters Orakel fragten,
Ob mir, ob wohl Kreon das Reich gehört;
Es hab' der Gott sich donnernd drob' empört,
Daß ich's gewagt, als meiner Siege Lohn,
Zu fordern Agrigentens goldnen Thron,
Und ausgesprochen unter ew'gen Blitzen;
"Ich dürfe nie ein Reich der Welt besitzen,
Und Agrigent kann dann nur Glück erringen,
Wird auf dem Thron Kreon das Zepter schwingen."
So logen sie, als ich zurückgekehrt,
Aus blut'ger Schlacht zum heißerkämpften Herd,
So logen sie, von aller Scham entwöhnt,
Als Siegesdank fand ich Kreon gekrönt.
Da außen ich des Landes Feind bekriegt,
Hat eigner mich im Innern hier besiegt.
Drum will ich fliehn aus dir, verhaßtes Land,
Doch nimm den Schwur als dräuend Unterpfand,
Daß ich noch einmal zu dir wiederkehre,
Zu rächen die durch Trug geraubte Ehre.

(Will ab und erblickt entsetzt der Rachefurien Höhle.)

Ha, welch ein Pfad hat mich zu euch geleitet,
Blutlose Schwestern, die ihr stets bereitet,
Als der Vergeltung grauenvolle Bürgen,
Gewalt'ge Sünder dieser Welt zu würgen.
Euch fordr' ich auf, an euch will ich mich wenden,
Sprengt auf das Tor mit den entfleischten Händen,
Reicht mir ein Schwert, mich an der Welt zu rächen,
Die mich verhöhnt, und ihren Bau zu brechen.

(Fürchterlicher Donnerschlag, der verrollt; die Pforte dröhnt und erzittert, dann leuchten schwache Blitze auf das Gebüsche rechts, das sich in der Mitte auseinanderteilt. Man

erblickt darin Hades, in Lumpen gehüllt, mit bleichem
Antlitz auf einem Steine sitzen, er hat einen Sack über dem
Rücken hängen.)

Zweite Szene.
Phalarius und Hades.
(Hades grinst Phalarius an, der ihn mit Entsetzen
betrachtet.)

Phalarius. Welch ekliche Gestalt, wer bist du?

Hades (mit etwas hohler Stimme, lauernd und gezogen).
Ich?

Phalarius. Bist du der Rachefurien eine? (Starr.) Sprich!

Hades (langsam aufstehend, er geht gebeugt und spricht langsam im
hohlen Tone).
Bin keine von den Rachefurien,
Kann selbst kaum mehr auf morschen Knochen stehn;
Bin nicht Tisiphone, Megär', Alecto,
Nein, nein, ich bin, — vergib, — mich schauert so.

Phalarius. Du kannst nicht ganz der Erde angehören,
Du könntest sonst den schönen Glauben stören,
Daß nach dem hohen Götterbild des Zeus
Der Mensch geformet sei durch Prometheus.

Hades. Nicht ganz ist mehr die Erd' mein Vaterland,
Tief unten ruft es mich am styg'schen Strand;
Harpyen, die wie Nachtigallen klagen,
Verkünden, daß die Furien um mich fragen.

Phalarius. Hast du so bös gehaust in dieser Welt,

Daß dir im Enden jeder Trost nun fehlt?
Bist du so arm, daß dich Verzweiflung faßt,
Und hast wohl einst im Übermut gepraßt?

Hades. So ist es, du hast furchtbar wahr gesprochen,
Doch jetzt ist meines Glückes Stab gebrochen;
Viel hab' ich einst auf dieser Erd' besessen,
Geliebt ward ich, ich werd' es nie vergessen,
Doch jetzt bin ich gehaßt, bin unbeweibt,
 (Weinend.)
So arm, daß mir nichts mehr, als eine Krone bleibt.

Phalarius (nach einer Pause des Erstaunens).
Was sprichst du, eine Kron'? Wahnwitzig Tier!

Hades. Willst du sie sehn? ich trage sie mit mir.
(Mit stärkerer Stimme.)
Ich schenk' sie dir, willst du's mit ihr versuchen,
Ich hörte dich vorher um eine Krone fluchen,
Doch trägst du sie, legst du sie nimmer ab,
Sie bleibt dem Haupte treu bis an das Grab.

Phalarius. Was nützt die Krone mich, nenn' mir ihr Reich.

Hades (stark). Die Welt!—Hast du genug?—Was wirst du bleich?

Phalarius. Soll ich's nicht werden? Mich befällt ein Grauen,
Wer kann in solchen Riesenhimmel schauen,
Die Erd', so weit sie reicht, unendlich Bild,
Hat nie die Neugier eines Augs gestillt.
Entflieh, verlaß mich, trügerischer Geist,
Der Hölle gibt, da er zum Himmel weist.
Zeig' her die Kron', wenn du mich nicht geneckt.

Hades. In meinem Bettelsack ist sie versteckt;
Dem Drachen gleich, der in der Höhle kauert,

Auf fette Beut' mit gift'gem Zahne lauert.

Phalarius. Ein Diadem in eines Bettlers Tasche?

Hades. In schlichter Urn' ruht königliche Asche.
   (Mit erhobener Stimme.)
Durch diese Kron', ruht sie auf einem Haupt,
Wird dem, der sie erblickt, des Mutes Kraft geraubt.
Ja, ihr Besitzer darf nur leise winken,
Wer sich ihm naht, muß huld'gend niedersinken.
Es wird der Baum, mit üppig grünen Zweigen,
Sein duftend Haupt vor dieser Krone neigen;
Des Waldes Tiere werden bang' erzittern
Und heulend sie in weiter Ferne wittern.
Was er befiehlt, muß streng' vollzogen werden,
Und keiner lebt, der sie entwenden kann auf Erden.
Selbst wenn er schläft, die sorgsam stille Nacht,
Geschloßnen Aug's, ihr Eigentum bewacht.
Kein Speer, kein Dolch, kein Pfeil kann ihn erreichen,
Der Krone Macht wird nur dem Mondlicht weichen;
Solang sie dies bestrahlt, ist er verloren,
Und jedes Feindes Schwert kann ihn durchbohren.
Solch Glück bringt dieser Reif und solches Bangen;
Nun sprich, trägt deine Herrschsucht noch nach ihm
Verlangen?

Phalarius. Den Sturm versöhn' durch eines Schiffes Wrack,
Golkondens Schatz verbirg im Bettelsack,
Dem Pfeil befiehl, er soll den Rückweg nehmen,
Des Ätna Glut verhindre auszuströmen,
Nur mich bered' nicht, von der Kron' zu lassen,
Gib sie heraus, sie muß das Haupt umfassen.
   (Legt den Helm ab.)

Hades. Wohlan, schau' nicht zum Himmel, blick' zur Erde,
Sie fleht dich an mit jammernder Gebärde;

(Er nimmt die goldene Krone aus dem Sacke, aus dem Feuer strömt,
   ferner Donner.)
Doch hör' ihr Wimmern nicht, reich' mir die Stirn',
Bleib stark, bewahr' vor Wahnsinn dein Gehirn.

(Er setzt ihm die Krone auf, fürchterlicher Donnerschlag, kurze Musik. Die Bühne wird lichter. Die Erde zittert, die Bäume beugen ihre Zweige, sodaß sie eine grüne Kuppel über Phalarius Haupt bilden und sich im See spiegeln.)

Hades. So, so, der Wald bebt vor dem Königshaus,
Es huld'gen dir die Stämme reichbelaubt.

Phalarius. Ist's Wirklichkeit? Welch unnennbar Entzücken!

Hades (beiseite).
Sie wird die Stirn noch heiß genug dir drücken.

Phalarius. Ha! Nun ist mein der höchste Schatz hienieden.
Sprich, Wurm, was kann zum Lohn ich dafür bieten?

Hades. Brauch' nichts dafür, trag sie nur glücklich fort,
Wir treffen uns schon am Vergeltungsort,
Wenn weit geöffnet deines Wahnes Grab,
Und du einst sprichst, wie ich gesprochen hab';
   (Weinend.)
Ich bin so arm, mir bleibt nichts als die Krone,
   (grimmig.)
Den Augenblick allein bewahr' ich mir zum Lohne.

(Schleicht ab, den Sack über dem Rücken.)

Dritte Szene.

Phalarius (allein).
Geh, Lügengeist, nie werde ich so sprechen,
So denken nur wär' an dem Glück Verbrechen.
Nun fort, Phalarius, aus diesem Wald,
Damit dein Ruhm Sizilien durchschallt.
Doch kann ich baun auf dieser Krone Macht?—
Holla, wer schreitet durch des Waldes Nacht?

Vierte Szene.

Voriger. Antrogäus mit königlichen Soldaten, welche mit Lanzen bewaffnet sind.

Antrogäus (von innen). 's ist Antrogäus und des Königs Wache.

Phalarius. Willkommen, Speere, dienet meiner Rache.
Du, Antrogäus, sollst der erste sein,
Den ich dem langverhaltnen Haß will weihn.

(Alles eilt auf Phalarius zu.)

Chor.
Du sollst nach Hofe kehrn, Phalar',
Der König will's—
(Die Krone erblickend und erschrocken zurückweichend.)
          Ha, welch ein Stern,
Den ich auf deiner Stirn' gewahr'?
Er hält mich drohend von dir fern.
Wie kann sein Anblick doch erschüttern,
Mich reißt's zur Erd' mit bangem Zittern,
Die Angst erpreßt den Ausruf mir;
Sei gnädig, Fürst,—ich huld'ge dir!

(Alle sinken bebend auf die Knie.)

Phalarius (wild lachend).
Ha, ha, was läßt mir wohl Kreon befehlen?

Antrogäus. Blick' mild auf uns, dein Auge kann entseelen.
Es sendete Kreon nach dir uns aus,
   (Spricht mit beklemmter Brust.)
Dich heimzuleiten nach dem Fürstenhaus,
Wo sich die Freude wälzt, Bachanten winken,
Dort sollst du reuig an die Brust ihm sinken
Und Abschied deinem düstern Grolle geben,
Dafür wird er zu neuer Würd' dich heben.

Phalarius. Verflucht sei der, der mir von Reue spricht!
   (Zieht sein Schwert und verwundet ihn.)
Bereue du, wenn dir das Auge bricht!
   (Antrogäus wird in das Gebüsch geführt.)
Verwahrt die Brust, mein durst'ger Stahl will trinken,
Er wird noch oft in Purpurscheide sinken.
Nun rafft euch auf und horcht auf mein Befehlen.
Ich will der Stadt ein Märlein dort erzählen;
Von einem Siegesfest, wo die Mänaden wüten,
Der Sieger nur allein muß drauß' im Walde brüten.
Von mächtig strahlender Kron', die ihm der Orkus schenkt,
Von wüt'gem Rachgefühl, das seine Waffe lenkt,
Von güldenem Palast am diamantnen See,
Wo Freudentaumel herrscht, nicht ahnend baldiges Weh.
Vom Brand, der ihn ergreift, vom grausen Angstgeschrei,
Von Kreons letzter Stund', verzweiflungsvoller Reu'.
Von Feinden waffenlos, die froh im Tanze schweifen,
Von Kriegern roh und wild, die sie wie Schergen greifen.
Vom glühenden Balkon, von dem man auf mein Winken
Sie wild frohlockend stürzt, daß sie im See ertrinken;
Dies Märchen wollen wir der Stadt zum besten geben,
Und wenn sie drob' erbleicht, soll Frohsinn uns beleben.
Dann wird auf des Palastes schwarz gebrannten Trümmern

Der glänzende Pokal wie Sonnenaufgang schimmern,
Und unsre Fabel geb' zum Schluß der Welt die Lehre;
Daß unbewachtes Glück nicht lang auf Erden währe.
   (Für sich gemäßigter.)
Ich will das meine wahrn, mich sehe keiner fallen,
Und müßt' es auch geschehn, mein Ruhm kann nie verhallen.
Ich ringe mit der Zeit, es muß nach tausend Jahren
Die Sage von der Kron' die Nachwelt noch erfahren.

(Alle ab, die Bäume biegen sich abwärts.)

Fünfte Szene.

Lucina (schwebt schnell auf Rosenschleiern, die auf weißen Wolken
ruhn, auf die Erde nieder, Angst beflügelt ihre Worte).
Was hört' ich für Flüche im Hain hier ertönen?
Es beben die Lüfte, die Felsen erdröhnen,
Hin brauset der Frevler durch waldige Nacht,
Zu liefern die gräßliche Höllenschlacht.
So mußte auf Erden ein Bösewicht reifen,
Der's wagt, nach der schrecklichen Krone zu greifen.
Agrigent ist verloren, es jammert die Welt,
Wenn ihn nicht die Macht der Erinnyen fällt.
Was soll ich beginnen, ihr blutigen Stunden,
Zu strafen den Frevel, zu heilen die Wunden?
Er muß ja die grausame Tat erst vollstrecken,
Will ich hier die rächenden Furien wecken.
Nur Tod sprengt des Fatums gewaltige Ketten,
Drum muß ich das Leben des Königs erretten.
Schon rennt durch die Straßen der gierige Troß,
Es werde die Wolke zum flüchtigen Roß.

(Die Wolke verwandelt sich in ein schwarzes Roß mit
goldenem Zaum.
Lucina setzt sich schnell auf selbes.)

Nun, Rappe, nun magst du die Lüfte durchschnauben,
Wir wollen den Mörder der Beute berauben.

(Das Roß fliegt pfeilschnell ab.)

Sechste Szene.

Hades (als Fürst der Unterwelt, schwarz griechisch
gekleidet, eine
schwarze Krone auf dem Haupte, eine Fackel in der Hand,
die er in
den Opferaltar der Eumeniden steckt)
So, nun laß die Jagd erschallen
Und die Jäger nicht ermatten,
Daß mir viele Scharen wallen,
Nach dem Reich der dunklen Schatten;
Denn ich hab's beim Styx geschworen,
Zu entvölkern diese Erd',
Drum hab' ich Phalar' erkoren,
Er ist dieses Auftrags wer.
Bald wird auch Massana fallen,
Wo ich Unglück hingebannt,
Lustig wird der Orkus hallen,
Wenn versinkt das stolze Land.
Von der kallidalschen Insel,
Wo mein ries'ger Eber haust,
Hör' ich jammerndes Gewinsel,
Daß das Meer nicht überbraust.
Doch schon rötet sich der Himmel,
   (Man sieht Brandröte.)

Rauch wallt auf, die Zinne kracht.
Im Palaste wogt Getümmel,
Schnell hat er die Tat vollbracht.
   (Es rasselt donnernd die Pforte der Eumenidenhöhle, Blitze
dringen durch die Öffnungen.)
Halt, die Eumeniden rasseln
Auf von ihrem Rächerthron,
Wie sie donnernd näher prasseln,
Ihre Dolche zucken schon.
Ha, ihr sollt mir nicht zerstören
Meines Witzes Heldentum,
Ihr mögt seine Taten hören,
Eure Rache bleibe stumm.
   (Die Fackel ergreifend.)
Durch die Macht, die mir geworden,
Seit Saturn die Welt umflügelt,
Bleiben diese Schauerpforten
Ihren Furien versiegelt.
   (Er stößt die Fackel dreimal gegen die Pforte, es zeigen sich
drei Flammensiegel.)
Durch dies Schreckenstor allein
Können nach der Erd' sie dringen,
Darum soll's verschlossen sein,
Mit dem Schicksal muß er ringen,
Ist, was ich gewollt, vollbracht,
Send' ich selber ihn der Nacht.

(Musik. Schreckliches Geprassel und Geheul inner der
Pforte, der See wird hellrot und wogt fürchterlich.)

Ha, wie sie empört nun heulen
Und den See hier blutig färben;
Bleibt gefangen, gift'ge Eulen,

Nur im Mondlicht kann er sterben.
Doch ich seh' Kreon befreit
Mit Lucina niederschweben,
Er war schon dem Tod geweiht,
Sie betrügt mich um sein Leben.
   (Er tritt zurück.)

Siebente Szene. Voriger. Lucina und Kreon auf Wolken
niedersinkend. Kreon beugt sein Knie vor Lucina.

Lucina. Du bist gerettet, holder Fürst, du lebst durch mich,
Des Landes Schutzgeist war's, der niemals von dir wich.

Kreon. Es dankt mein klopfend Herz, mein Sinn vermag's noch nicht,
Da vor Erstaunen mir Erinnrung fast gebricht.
Wer bringt mein treulos Glück, ich straf' den Hochverrat,
Den es an mir und meinem Volk begangen hat.
O gleißnerische Zeit, wer sollt' es von dir glauben,
Durch einen Augenblick kannst du uns alles rauben.
Minuten wissen's kaum, daß mich das Elend fand.
War's denn Phalarius, der drohend vor mir stand?
Woher die Schreckenskron', mit der er frech geprahlt?
Und die mit mag'schem Schein den Brand noch überstrahlt.
Woher die Meuterei, wer herrschet nun im Land?
Ihr Götter stärket mich, es wanket mein Verstand,
Vor ihm bin ich gekniet, vor diesem Bösewicht!

Lucina. Dein Rasen ist umsonst, die Götter hören's nicht,
Siehst du dort den Altar, auf ihn leg' deine Klagen,
Die Nimmerruhenden magst du um Rat befragen.

Kreon. So hört mich denn, ihr mächt'gen Eumeniden!
   (Schlägt an die Tür, die erdröhnt.)

Hades (tritt hervor).
Vergebens rufst du sie, du störst nur ihren Frieden.

Kreon. Wer spricht hier Worte aus, die Wahnsinn müßt' bereuen?

Lucina (bebt zurück).
Erkennst du Hades nicht, den selbst die Götter scheuen?

Kreon (bebt auch zurück).
Du, Hades, bist's?

Hades. Bin's selbst, der dieses Tor bewacht.

Lucina (Zu Kreon leise).
Er hat dich um dein Reich und um dein Volk gebracht.

Kreon. Sind die Erinnyen taub, daß sie sich noch nicht zeigen?

Hades. Erkennt die Siegel hier, der Orkus heißt sie schweigen.

Lucina (jammernd zu Kreon).
O armer Fürst, Unmöglichkeit heißt dein Gebiet,
Aus dem die Hoffnung selbst mit banger Furcht entflieht.
   (Zu Hades.)
Ja, du verdienst, daß Götter dich und Menschen hassen,
Die Glut des ew'gen Pfuhls muß neben dir erblassen.
Doch jener blut'ge See bleib Zeuge deiner Wut!
Lucinas Göttermacht bewahret seine Glut,
Bis sich einst Jovis Bild in seinen Wellen spiegelt.
Und sein allmächt'ger Blitz die Pforte dort entriegelt.

Hades (mit Hohn).
O Göttin, hold und schön, wie magst du doch so wüten,
Sieh deine Wundertat treibt neue Todesblüten,

Mich schreckt nicht Zeus, drum sei dein See verflucht.
Und wer durch seine Flut den Durst zu stillen sucht,
Der wird von dieser Stund' die Menschenbrut verachten,
Und einem Tiger gleich nach ihrem Leben trachten;
Doch nur so lang, bis er so vieles Blut vergießt,
Als aus dem Wundersee sein durst'ger Mund genießt.

Lucina. Halt ein, das geht zu weit, du nächtlich Ungeheuer,
Ist dir denn nichts auf dieser schönen Erde teuer?
Greif an den Himmel hin und raub' ihm seine Sterne,
Die Götter selbst verjag' nach lichtberaubter Ferne,
Vernicht' auch mich, versuch's, raub' mir Unsterblichkeit,
Beginn den Kampf, fall aus, ich bin dazu bereit.
    (Sie stellt sich ihm mit majestätischer Miene gegenüber.)

Kreon. Was klagst du, Erde, noch, ist doch vom bösen Streit
Der weite Orkus nicht, nicht der Olymp befreit.

Hades (kalt und gleichgültig).
Du nennst unsterblich dich, durch Schmähung kannst du's sein.
Ich lasse mich mit dir in keinen Zweikampf ein.
Du bist ein Götterweib, mehr braucht's nicht zu erwidern,
   (Mit vornehmer Nichtachtung.)
Das heißt, du bist ein Weib und kannst mich nicht erniedern.

Lucina (mit höchster Würde).
Ich bin's, und weil ich's bin, bebt stolzer mir die Brust;
Ich bin ein Weib! des kräft'gen Erdballs höchste Lust!
Ein Weib! Um das der Brand von Troja hat geleuchtet.
Ein Weib! Um das des Donnrers Aug' sich mild befeuchtet;
Ein Weib! Vor dem sich tief ganz Persien gebeugt;
Ein Weib! Das einst ein Gott aus seinem Haupt gezeugt;
Ein Weib! Das durch die Welt der Liebe Zepter schwingt,
Der Lieb', die auch zu deinem Felsenherzen dringt.

Ein Weib! Das deinen Arm durch einen Kuß kann lähmen;
Das heißt: du bist ein Mann und kannst mich nicht beschämen.

Hades. In schönen Worten kannst du leicht den Preis gewinnen,
Doch nur durch Mannesgeist gelingt ein groß Beginnen.

Lucina. Wohlan, so laß uns nicht durch Elemente streiten,
Durch Flammen, Wogen, Sturm Verderben uns bereiten,
Gebrauchen wir des Witzes fein geschliffne Klinge,
Vielleicht gelingt mir's doch, daß ich den Sieg erringe.

Hades. Was quält dich doch die Lust, den Orkus zu bekämpfen?
Wie leicht wär's meinem Witz, den Übermut zu dämpfen.

Lucina (schlau).
Wenn dies dein Geist vermag, warum will er's vermeiden?
Die Götter müßten dich um deinen Witz beneiden.
Glaub' nicht, daß im geheim die Himmlischen dich achten,
Sie schmähn auf deinen Geist, den sie schon oft verlachten.

Hades (mit gereiztem Ehrgeiz).
So will ich dir und den Olympschen Göttern zeigen,
Daß meine Schlauheit nicht sich ihrer List muß beugen.
Es soll dir möglich sein, die Furchtbaren zu wecken,
Doch was ich dir befehl', mußt du genau vollstrecken.
Du kannst zu seinem Sturz die Eumeniden brauchen,
Läßt du auf dem Altar ein dreifach Opfer rauchen;
Erst eine Kron', die eines Königs Stirn geziert,
Der nie ein Reich besaß, noch eins besitzen wird.
Dann einen Lorbeerkranz von eines Helden Haupt,
Der, wenn der Lorbeer rauscht, des Mutes ist beraubt.
Und doch verübt solch ungeheure Herkulstat,
Daß ihm der Krieger Schar den Kranz geflochten hat.

Nun kommt das dritte noch, es ist ein Diadem,
Der Eitelkeit Triumph, daß es selbst Juno nähm'.
Dies sei aus Myrthenblüt' mit Lilienschnee verwebt,
Und ruh' auf einem Haupt, das sechzig Jahre lebt.
Ein hochbetagtes Weib, mit reich verschlungnen Falten,
Muß es für ihren Reiz als Schönheitspreis erhalten.
Doch Männer nicht allein, die Mitleid kann versöhnen,
Es müssen Weiber sie mit neid'schen Blicken krönen.
Dies sind die Dinge nur, die ich von dir begehre,
Und findest du sie aus, dann glaub', daß ich dich ehre.
Bring' sie zum Opfer hier, dann schmelzen jene Siegel,
Die Pforte donnert auf, gesprengt sind ihre Riegel,
Die Eumeniden frei, Phalarius kann fallen,
Und hör' ich sein Gestöhn' am Acheron erschallen,
Dann nehm' die Kron' ich selbst von seiner blassen Stirn'
Und weihe dir beschämt, verachtend mein Gehirn.

Lucina. Beim Zeus, ich bin erstaunt!

Kreon. Sei nicht so grausam doch,
Daß du die Möglichkeit belegst mit solchem Joch
Du willst den Flug und kettest unsre Flügel,
Du spornst den Gaul und engest seine Zügel.

Hades. Sie hat's gewollt, ich ändre meinen Ausspruch nie,
Glaubt Ihr, der Hölle Süd zeugt keine Phantasie?
Hast du vielleicht gewähnt, Unsterblichste der Nymphen,
Es lasse Hades sich so ungerecht beschimpfen?
Ich bin, was du so schlau gefordert, eingegangen,
Doch bleibet unerfüllt mein dreifaches Verlangen,
So sei's bei des Kozytus Trauerlauf geschworen,
Du wirst des Orkus Spott, und Kreon ist verloren.
   (Geht mit Würde ab.)

Achte Szene.
Vorige ohne Hades

Kreon. Verloren bin ich, ja, mein Sturz war schon vollendet,
Als sich sein Furienblick nach meinem Reich gewendet.
Das Rätsel ist nun klar, ich weiß, wie es geschah,
Mein Unglück steht entlarvt und frech entkleidet da.
Was ist das Leben doch? wie wär' ich zu bedauern,
Wenn ich nicht sterblich wär' und müßte ewig trauern.

Lucina. O traure nicht zu früh, mein Geist gebärt Gedanken,
Die ihn mit Hoffnungen wie Efeu grün umranken.
Die Götter dulden's nicht, daß solch' ein Reich vergeht,
Wo ein so edles Volk für seinen König fleht.
　(Nachdenkend.)
Massanas Fürst ist krank, und wird nicht mehr genesen,
Das Unglück haust zu arg, es muß das Land verwesen;
Dann hier der blut'ge See, das kallidal'sche Schwein,
Mein Wundermittel wirkt, es kann nicht anders sein.
　(Der Wolkenwagen sinkt wieder herab.)
Drum eile jetzt mit mir nach meinem Luftgefilde,
Vertausch' den Anblick hier mit einem schönern Bilde.
Ich will durch mag'sche Kunst ein Zauberlicht bereiten,
Dann such' durch Fremdlinge den Trug ich einzuleiten;
Du aber kannst hier nichts zu deiner Rettung helfen,
Drum harrest du auf mich im Kreise meiner Elfen.

Kreon. So gern du, Göttin, magst nach deiner Heimat ziehn,
So schmerzlich fällt es mir, die meinige zu fliehn.
　(Mit tiefer Rührung.)
O du mein teures Reich, ich muß mich von dir trennen,
Den rauhen Felsen nur kann meine Qual ich nennen.
Wo lebt ein König wohl, der solches Leid getragen,
Daß seinem Volke er kein Lebewohl darf sagen?

O Echo, dessen Schall in allen Bergen tönt,
Verkünd' das Trauerwort; leb' wohl, mein Agrigent.
Nun folg' ich Göttin dir ins traumbeglückte Land,
Verlaß mein wirkliches, aus dem man mich verbannt;
Doch wenn die Wolken mir mein treues Volk verhüllen,
Wird sich des Königs Aug' mit heißen Tränen füllen.
Magst du den Schmerz als kleinlich auch betrachten,
Er ist ein heil'ges Weh, du darfst ihn nicht verachten.
   (Er kniet vor ihr.)

Lucina (gerührt die Hand auf sein Haupt legend).
Ich ehre tief dein Leid, es führt dich einst zum Lohne,
Der Schmerz gehört der Welt, drum trägt ihn auch die Krone.
   (Hebt ihn auf.)
Erhebe dich mein Fürst.
   (läßt ihn in den Wolkenwagen steigen.)
                        Ein Thron soll dich umrauschen.
   (Die Wolke bildet einen Thronhimmel um Kreons Haupt.)
Ist mir Fortuna hold, sollst du ihn bald vertauschen.

(unter zart klagender Musik schwingen sich beide langsam fort.)

Neunte Szene.
(Romantische Gegend.)

(Vorne links ein kleines Häuschen mit einem Schilde, worauf eine
goldene Schere gemalt ist. Diesem gegenüber eine natürliche Rasenbank, von einem Baum überschattet. Die Musik geht nach der
Verwandlung in Simplizius' Ariette über.)

Simplizius (in bürgerlicher Kleidung).
Ariette.

     's gibt wenig, die so glücklich sind
Wie ich aus dieser Welt,
Ich hab' kein Weib und hab' kein Kind,
Und hab' kein' Kreuzer Geld.
Wenn ich auch keine Schulden hätt',
Ich wüßt' vor Freud' nicht, was ich tät'.
Ich will im voraus nicht stolziern,
Mein Glück fängt erst recht an,
Mir scheint, ich werd' mein Gwerb' verliern,
Dann bin ich prächtig dran;
Und 's Überraschendste wird sein,
Wenn s' kommen werdn und sperrn mich ein.

Dann schau' ich um ein' Freund mich um,
Der in der Not mich tröst',
Der macht, daß ich aus d' Festung kumm,
Da sitz' ich erst recht fest;
Und wenn s' mich dort vielleicht noch schlagn,
Das wär' ein Glück,—nicht zum Ertragn.

Ja, ja, mancher, der mich so reden hört, würd' sagen: O je, da kommt schon wieder einer daher, der lamentiert, daß er kein Geld hat und voller Schulden ist und daß er soll eing'sperrt werdn. O Jemine, das ist ein' alte G'schicht'. (Hochdeutsch.) Ja, wenn's aber nicht anders ist, was soll man denn machen? Es ist einmal so, ich hab' einmal kein Geld, und sie sperrn mich einmal ein, vielleicht auch zweimal, (lokal) und wenn das so fortgeht, so komm' ich aus dem Einsperren gar nicht mehr heraus. Ich bin ein rechtschaffener Mann, doch von was soll ich denn zahlen? Ich bin zwar der angesehnste Schneider hier im Ort, aber ich hab' nur eine einzige Kundschaft, und das ist mein Gläubiger, ein Weinhandler, der weint um seine fünfhundert

Taler, so oft er mich anschaut. Jetzt bin ich ihm das Geld schon sieben Jahr' schuldig, er ist aber schon lang gezahlt, denn statt den Interessen hat er mit mir ausgemacht, daß ich ihm alles umsonst arbeiten müßt', was in seinem Haus ang'schafft wird. Da kommen aber die Leut' vom ganzen Dorf in sein Haus, lassen sich das Maß nehmen, ich muß ihnen umsonst arbeiten, und er laßt sich zahlen dafür. Da hab' ich einen Zimmerherrn drin — (deutet auf sein Haus, geheimnisvoll) der zahlt auch nichts. Ist ein Schmied, ein Reimschmied, schreibt jetzt gar ein Theaterstuck. Auf die Letzt bringt er mich noch in ein Stuck hinein, denn ich hör', jetzt können s' gar kein Stuck mehr aufführen, wo s' nicht was von ein' Schneider drin haben, und er gar, er schreibt eins, das heißt "Die getrennten Brüder", das wird doch aufs z'sam'nahn hinausgehn. Er erwartet immer das Geld von der Post, und jetzt ist ein so ein schlechter Weg, da bleibt's halt stecken. (Ruft zum Fenster hinein.) Guten Morgen, Monsieur Ewald, schon wieder fleißig? Scribendum!

Zehnte Szene.
Voriger. Ewald.

Ewald (schlägt von innen auf den Tisch). So stören Sie mich doch nicht mit Ihrem unsinnigen Geschwätz. (Kommt heraus im einfachen Gehrock. mit einem Manuskripte, Tinte und Feder.) Es ist nicht möglich, daß ich einen vernünftigen Gedanken fassen kann, wenn Sie in meiner Nähe sind. Gehen Sie doch hinein, ich will hier schreiben.

Simplizius. Schreiben Sie, wo Sie wollen und an wen Sie wollen, aber sein Sie nicht unartig mit mir.

Ewald. Lieber Hausherr, nehmen Sie meine Heftigkeit nicht so auf,
Sie sehen, ich bin ein Dichter, ein begeisterter Mensch. Wenn man
in Jamben arbeitet, Sie verstehen das nicht so, es sind fünffüßige
Verse.

Simplizius. Ja, das ist ja eben das Unglück, wenn die Vers' eine Menge Füß' haben und kein' Kopf. Das tragt nichts ein, ich wollt', ich hätt' so viel Füß', als Ihre Schlampen oder Jamben, was Sie da schreiben, ich war' schon lang davon g'loffen, auf meine kann ich mich nicht mehr verlassen.

Ewald. Sie sprechen dummes Zeugs, lassen Sie mich ungestört. (Er setzt sich auf die Rasenbank und überlegt.) Der letzte Akt, mir fehlt's an Stoff.

Simplizius. Mir auch, wenn ich so ein paar hundert Ellen Gros de
Napel hätt', ich wollt' Ihnen Ihre Getrennten schon herausstaffiern.

Ewald. Nun hab' ich aufhören müssen. Jetzt ist der ganze Dialog zerrissen.

Simplizius. Ich wollt', es wär' alles z'rrissen, so krieget ich doch ein' Arbeit.

Ewald (aufspringend). Aber lieber Meister, wenn Sie einen Rock zuschneiden, so wünschen Sie doch ungestört zu sein.

Simplizius. Nun, Sie werd'n doch erlauben, daß es ein' andere Aufgab' ist, wenn ich einen Rock zuschneid', als wenn Sie da eine halbe Stund' nachdenken, und hernach fallt Ihnen erst nix ein. Wenn Sie einen Vers um ein paar

Ellen zu lang machen, so streichen Sie s' halt weg, aber wenn ich einen Ärmel um eine halbe Ellen zu kurz mach', (er streift seinen Rockärmel hinauf) was g'schieht denn hernach?

Ewald (stampft mit dem Fuße). Zum letzten Male rat' ich es Ihnen, mich ungestört zu lassen, oder Sie werden mich wütend machen.

Simplizius (verschroben). Nu, nu, nur nicht so heftig, meine schwachen Nerven bitt' ich zu verschonen. Überhaupt zwingen mich verhältnislose Umstände, mit Ihnen tragisch zu reden. Ich kann zwar nichts gegen Sie sagen, Sie sind ein ordentlicher Mann, Sie bleiben mir meinen Zins schuldig, wie es sich g'hört. Aber Sie sind ein Dichter, der sehr schöne Ideen hat, warum kommt Ihnen denn nicht auch die Idee, mich zu bezahlen?

Ewald. Sie sollen Ihr Geld erhalten.

Simplizius. Ja wann? ich werd' heut noch eing'sperrt.

Ewald. Warum?

Simplizius. Weil ich blessiert bin und nicht ausrucken kann. (Deutet aufs Zahlen.) Wenn aber das geschieht, wenn sie mich einsperrn, Herr von Ewald—Sie sind mir schuldig, ich gebrauch' mein Recht, Sie müssen zu mir hinein. Wir sind Männer, wir werden unser Schicksal zu ertragen wissen. (Geht gravitätisch ab ins Haus.)

Elfte Szene.

Ewald (allein). Ha, ha, ha, ein gutmütiger Mensch, wenn er nur nicht so unerträglich einfältig wäre, mich dauert seine

mißliche Lage. Morgen erhalte ich die Hälfte meines
Honorars, davon will ich ihn unterstützen. Doch jetzt sei
wirksam, Geist. (Dichtend.) Sechzehnte Szene, Gefängnis,
Artur allein.

Warum muß ich im finstern Turm hier hausen,
Um den des Meers geschäftige Wellen brausen;
Ach, während Liebe stillt ihr froh Verlangen,
Hält mich der Haß hier trauervoll gefangen.
O Schutzgeist, der du meinem Traum dich zeigst
Und sanft dein Haupt zu mir hernieder neigst,
Leit' mich aus meines Kerkers düstern Bann,
Daß ich statt nutzlos sinnen, handeln kann.

Zwölfte Szene.
Voriger. Lucina ist während Ewalds Rede unter sehr leisen sanften
Tönen auf Wolken niedergesunken. Ein Genius trägt eine Fackel.

Lucina. Wenn du willst des Gedichtes Sinn auf dich beziehn,
So kann ich deines Wunsches regen Drang erfüllen,
Du sollst mit mir nach weit entfernten Landen ziehn
Und des Verlangens Glut im Tatenstrome kühlen.
Zu hohem Werken hab' ich deinen Mut erkoren,
Weil ich dein Herz und deinen Geist als rein ersehn.

Ewald. O glanzentzücktes Aug', zu seltnem Glück geboren,
Daß du so holder Göttin Reize darfst erspähn.

Lucina. Erstaune nicht, entwirf kein Bild von meinen Reizen,
Du bist zur Rettung eines mächt'gen Reichs erwählt,
Der Auftrag sei genug, um mit der Zeit zu geizen,

Drum werd' dir auch von mir das Nöt'ge nur erzählt.
Dich sollen Wolken nach Massanas Strande tragen,
Ein Land, in welchem Unglück heult in jedem Haus,
Und das vom Meer verschlungen wird in wenig Tagen,
Dort gibst du dich für einen Weisen aus,
Entstammend aus Ägyptens heil'gen Pyramiden,
Der nach Massana kommt, um dieses Land zu retten.
Und wenn der König enden will den Lauf hienieden,
Vergoldest du des Todes fürchterliche Ketten
Und forderst erst für diesen Dienst des Reiches Krone.

Ewald. Wodurch ich dies vollbring', kann ich noch nicht ergründen.

Lucina. Nimm diese Fackel hier, sie flammt in jeder Zone,
Wenn du sie kräftig schwingst, wird sie sich selbst entzünden,
Den Gegenstand, auf den du ihren Strahl willst leiten,
Wird zephirleicht in ihrem Zauberlicht verrinnen,
Narkot'sche Wohlgerüche um sich her verbreiten,
Und die Gestalt, die du ihm leihen willst, gewinnen.
Er wird im wundervollsten Rosenlicht sich zeigen,
Wie ihn die zarteste Phantasie nur könnte malen,
Daß sich die Herzen alle liebend vor ihm beugen,
Und sanfte Rührung wird aus jedem Auge strahlen.
   (Gibt ihm die Fackel.)
Verwahr' sie wohl, du wirst sie einst noch dankbar preisen,
Wenn tröstet dich ihr welterfreuender Wunderschein,
Doch nicht allein darfst du die Rettungsbahn durchreisen,
Dem kühnen Mut muß bange Furcht zur Seite sein.
Du wirst wohl selbst wo einen feigen Dümmling kennen,
Den eines Sperlings leises Rauschen schon erschreckt.

Ewald. Da kann ich dir, o Göttin, keinen bessern nennen,
Als jenen Mann, der sich vor deinem Anblick scheu versteckt.

(Deutet auf Simplizius ins Haus.)

Lucina. Nun wohl, du magst mit ihm die Sache selbst verhandeln.

Ewald. Er ist mir schon gewiß, ich weiß, was ihn bewegt.

Lucina (zeigt auf einen Fels).
Die Fackel wird den Stein in leichten Nebel wandeln,
Der euch im schnellen Flug durch blaue Lüfte trägt.
Du übst, wie ich's befahl.

Ewald. Dies kann ich hoch beteuern.

Lucina. Wohlan, ich will voraus hin nach Massana steuern.
   (Fliegt ab.)

Dreizehnte Szene.
Ewald (allein.)

Dies ist ein Auftrag doch, der eines Dichters würdig,
Weil echte Poesie nach einer Krone strebt,
Selbst Göttern ist durch hohen Schwung sie ebenbürtig,
Der über Sonnen sie zu Jovis Thron erhebt.
Mein Geist ist klein, mein Wirken nur ein ungeweihter Traum.
Drum wird die Kron', die ich heut wage zu begehren,
In Nichts zerfließen, wie der Woge flücht'ger Schaum,
Nur daß ich sie gewollt, wird mir noch Lohn gewähren.
Und wer wird nicht mit Lust von goldnen Dingen träumen,
Kann er darüber arme Wirklichkeit versäumen?
   (Ab ins Haus.)

Vierzehnte Szene. (Kurzes Zimmer mit schlechten Möbeln, ein Tisch mit Schreibgeräte, an der Wand hängen einige schlechte Kleidungsstücke, Maß und ein paar abgeschabte Bilder. Rechts eine Seitentür, links ein kleines Fenster.)

Simplizius. Jetzt wird's nicht mehr lang dauern, so wird die achtzigpfündige Kanone meines Unglücks losgehn. Vor Angst krieg' ich noch das gelbe Fieber, das schwarze hab' ich so in allen Taschen schon. Wie spät wird's denn schon sein. Ich könnt's gleich wissen, ich dürft' nur auf die Uhr schauen, die ich vor zwei Jahren versetzt hab'. Um halb zwölf Uhr kommt der Weinhandler, der wird mich anzapfen um sein Geld, und wenn ich ihn nicht zahlen kann, so heißt es; Marsch nach Kamtschatka.

Fünfzehnte Szene.
Voriger. Ewald.

Ewald. Freude, Freude, lieber Simplizius!

Simplizius. Ja, ja, das wird eine mordionische Freud' werden, bei
Wasser und Brot.

Ewald. Nein, lieber Simplizius, wir wollen fort von hier in ein fernes Reich.

Simplizius. Ins Reich hinaus? Da war ich schon, im Nürnbergischen.

Ewald. Nicht doch, eine reizende Göttin hat mich und Sie zur
Rettung eines Königreichs bestimmt.

Simplizius. Mich?

Ewald. Ja. Sie. Goldgesäumte Wolken werden uns dem gemeinen Leben hier entrücken und uns in ein herrlich Land hintragen. Lassen Sie Ihren Gläubiger hier rasen, er hat ja ohnehin nichts mehr zu fordern. Machen Sie sich reisefertig, Sie sind zu großen Dingen bestimmt.

Simplizius. Zu was für ein'?

Ewald. Das weiß ich nicht, ich weiß nur, daß es eine Krone gilt.

Simplizius. Und die soll ich erretten? Nun, das wird gut ausfallen.
Sie verkennt mich.

Ewald. Nein, sie hat Sie ja gesehen und Ihren Mut belobt.

Simplizius. Die Göttin? Ah, das ist göttlich! Aber weiß sie denn, daß ich —

Ewald. Was?

Simplizius. Nu. (Macht die Pantomime des Nähens.)

Ewald. Versteht sich, alles weiß sie. Kommen Sie nur.

Simplizius. Ich soll ein Land erretten? Ich kann mir's gar nicht anders vorstellen, als daß das Land durch Unruhen zerrissen ist, und ich muß's zusammenflicken. Oder sie fürchten sich, daß das Land erfriert, und ich muß ihm einen Pauvre machen. Und auf einer Wolken sitzen wir, da fallen wir ja durch.

Ewald. Bewahre, sorgen Sie sich nicht.

Simplizius. Nun Sie, wenn wir heut durchfalleten, das wär'

weiter keine Schand'. Mir ist jetzt schon, als wenn ich aus den Wolken g'fallen wär'.

Ewald. Ich steh' Ihnen für alles.

Simplizius. O, Sie sind ein gutes Haus. Was haben S' denn da für eine vergoßne Kerzen?

Ewald. Das ist eben unsere Wunderfackel. Was ich durch sie bestrahlt wissen will, erscheint nach meinem Wunsche in der herrlichsten Gestalt, und rosiger Nebel wird das Auge eines jeden lieblich täuschen.

Simplizius. Was sie jetzt alles erfinden, um die Leut' hinters Licht z' führen, das geht über alles. Na wegen meiner, ich bin dabei, ich sitz' doch lieber auf einer Wolken als im Arrest. Also gehn wir. (Sieht durchs Fenster.) Ums Himmels willen, dort kommt der Weinhandler, und zwei Schutzgeister hat er bei ihm, mit klafterlange Spieß'.

Ewald. Fatale Sache, was beginn' ich jetzt?

Simplizius. Monsieur Ewald, mir fallt aus Angst etwas ein. Probieren wir die Fackel, richten wir das Zimmer prächtig ein, tapezieren wir's aus. Vielleicht bekommt der Weinhandler einen Respekt und glaubt, er kriegt sein Geld. Warten Sie, ich sperr' die Tür indessen zu, daß er nicht gleich herein kann. (Tut es.) Wenn er nur unterdessen abführ'. bis wir ihm ganz abfahren.

Ewald. Kein übler Gedanke, das geht nicht so leicht, er wird fragen, wo wir die schönen Möbel her haben. Dann wird ihm die Fackel auffallen. Still!

Riegelsam (klopft von außen). Nur aufgemacht. Ich weiß, daß Er zu
Hause ist.

Simplizius. Gleich, gleich. (Heimlich.) Was tun wir denn?

Ewald (ebenso). Geben Sie mich für einen Engländer aus, dem die
Möbel gehören, und der für Sie zahlen will.

Riegelsam. Ich schlag' die Tür ein, wenn Er nicht aufmacht.

Simplizius. Richtig, fangen Sie nur zum möblieren an. (Ruft.) Nur warten.

Riegelsam. Warten? Du verdammter Bursch', wart' du auf meinen Stock,
 wenn ich hineinkomm'.

(Ewald hat indessen die Fackel geschwungen, die sich selbst entzündet.)

(Musik.)

Auf einen Schlag verwandelt sich das schmutzige Zimmer in ein herrlich gemaltes und reich möbliertes. Grosse Gemälde mit goldenen Rahmen, nebst einer schönen Wanduhr präsentieren sich. So verwandeln sich auch die Türen, das Fenster, Tisch und Stühle. Das ganze zeigt sich jedoch im bleichen Rosenlichte

Simplizius. Mich trifft der Schlag, das wird doch ein schöner Betrug sein. Ich glücklicher Mensch, das g'hört alles nicht mein.

Ewald (steckt die Fackel an die Wand, wo der Schreibtisch steht, setzt sich schnell und stützt das Haupt auf die Hand). Nun öffnen Sie, sagen Sie, ich dichte und wollte ungestört bleiben, und Sie hätten geschlafen.

Riegelsam. Brecht das Schloß auf. (Sie schlagen an die Tür, Simplizius öffnet.)

Simplizius. Ist schon offen.

Sechzehnte Szene.
Vorige. Riegelsam (ein sehr dickleibiger Mann von heftigem Temperament).

Riegelsam (noch in der Tür). Aufmachen kann er nicht, aber Schulden
machen kann er. Wart', du verdammt—(er tritt herein, zwei Gerichtsdiener halten an der Tür Wache, Riegelsam steht erstarrt.)
Was ist das für eine maliziöse Pracht? Ich erstaune. Wem gehört das
Amöblement?

Ewald (rasch aufspringend). Mir!

Riegelsam. Ihnen? Ah, allen Respekt.

Ewald. Also schließen Sie Ihren Mund. (Setzt sich nieder und schreibt fort.)

Riegelsam.. Was Mund schließen? Um fünfhundert Taler kann man den
Mund gar nicht weit genug aufmachen.

Simplizius. Wenn er nur die Mundsperr' bekäm', daß er ihn gar nicht mehr zubrächt'.

Riegelsam. Nichts wird g'schlossen, als der—(auf Simplizius deutend) der wird g'schlossen—kreuzweis'. Wie steht's, liederlicher Patron, wird gezahlt oder nicht?

Simplizius. Ja, es wird gezahlt.

Riegelsam. Wer zahlt?

Simplizius. Ich nicht.

Riegelsam. Gerichtsdiener! (Sie treten vor.)

Ewald. Halt! (Springt auf.) Ich bezahle. (Setzt sich wieder und schreibt.)

Riegelsam. Wirklich? Allen Respekt. Wer ist dieser Herr?

Simplizius. Ein vacierender Lord.

Riegelsam. Und wohnt in diesem miserablen Haus?

Simplizius. Spleen.

Riegelsam. Warum schreibt er denn bei einer Fackel am hellichten
Tag?

Simplizius. Spleen.

Riegelsam. Und was krieg' ich denn für meine Schuld?

Simplizius. Spleen.

Riegelsam. Geh Er zum Henker mit seinem Spleen. (Beiseite.) Wenn ich nur die schönen Möbel haben könnt', ich bin ganz verliebt in sie. (Laut.) Also was soll's sein? Entweder meine fünfhundert Taler, oder ich lass' das Zimmer ausräumen.

Simplizius. Da kriegt er auch was rechts.

Ewald. Herr, unterstehen Sie sich nicht, sich meines Eigentumes zu bemächtigen. In diesem Zimmer bin ich Herr, weil ich es gemietet habe, und wenn Sie es nicht zur Stelle verlassen, so werd' ich mein Hausrecht gebrauchen und Sie zum Fenster hinauswerfen.

Riegelsam. Welch eine Behandlung? Was soll das sein? (Sieht Simplizius fragend an.)

Simplizius (gleichgültig). Spleen.

Riegelsam. Halt' Er sein Maul mit seinem verflixten Spleen. Sie haben sich angeboten zu bezahlen, tun Sie es, ich bin bereit.

Ewald. Ich noch nicht, in einer Stunde sollen Sie Ihr Geld erhalten, ich erwarte die Post. Entfernen Sie sich jetzt und kommen Sie in einer Stunde wieder.

Riegelsam. Hat auch kein Geld, nichts als Spleen.

Simplizius. Ein splendider Mann.

Riegelsam. Aber die schönen Möbel, diese herrlichen Möbel. Gut, ich geh', aber die Wach' bleibt hier.

Simplizius Ich seh' mich schon im Loch.

Ewald. Impertinent, den Augenblick mit der Wache fort, oder Sie bekommen keinen Heller von Ihrer Schuld.

Riegelsam. Nicht? So lass' ich ihn einsperren. (Auf Simplizius zeigend.)

Ewald. Nur fort mit ihm, das ist das beste, was Sie tun können.

Simplizius (erschrocken). So ist's recht, das wäre schon das beste bei ihm.

Riegelsam (beiseite). Es ist ihm nicht beizukommen, ich möcht' rasend werden. Aber die schönen Möbel allein könnten mich verführen.

Simplizius. Ah, wenn Sie s' erst im rechten Licht sehen werden, denn sein' Fackel blendt einen ja.

Riegelsam. Sind sie da noch schöner?

Simplizius. O, da kann man sie gar nicht sehn vor lauter Schönheit.

Riegelsam. Gut, die Wach' soll sich entfernen, unter der Bedingung, daß Sie mir diese Möbel verschreiben.

Simplizius (heimlich erfreut). Beißt schon an.

Riegelsam. Wenn ich in einer Stunde mein Geld nicht erhalte, gehören sie mir.

Simplizius (heimlich freudig). Haben ihn schon!

Ewald. Mein Wort darauf.

Riegelsam. Nichts, das muß schriftlich sein, nur aufsetzen, alles schriftlich.

Simplizius (heimlich). G'hört schon uns!

Ewald (schreibt). Also alles was sich in diesem Zimmer befindet?

Simplizius Bis auf uns, denn er wär' imstand, er nehmet uns auch dazu. Das ist gar ein Feiner.

Riegelsam. So ein miserables Möbel, wie Er ist, kann ich nicht brauchen. Still. Euer Hoheit geruhen zu unterschreiben.

Ewald. Hier.

Riegelsam. Auch der Schneider.

Simplizius (tut es für sich). Du wirst dich schneiden.

Riegelsam (frohlockend). Bravo, jetzt bin ich in Ordnung.

Simplizius. Das ist ein glücklicher Kerl, jetzt hat er einen Fang gemacht.

Riegelsam (zur Wache). Ihr könnt nach Hause gehn.

(Wache ab.)

Simplizius. Ah, weil nur die Garnierung von der Tür' weg ist.

Ewald. Nun gehen Sie auch!

Riegelsam. Ich? Was fällt Ihnen ein, ich bleib' hier, bis das Geld ankommt.

Ewald. Welch eine Eigenmächtigkeit! Ich muß fort, das Geld zu holen,
 ich habe Eile.

Simplizius. Freilich, bei uns geht's auf der Post. (Für sich.) Wir fahren ja ab.

Riegelsam. Das können Sie machen, wie Sie wollen. (Setzt sich in
einen Stuhl.) Mich bringt einmal niemand aus diesem Zimmer fort.
Ich muß meine Möbel bewachen, kein Stück darf mir davon wegkommen.
Tausend Element!

Ewald (zu Simplizius heimlich). Das ist eine schöne Geschichte, was tun wir jetzt?

Simplizius. So lassen S' ihn sitzen, wir nehmen unsre Fackel, gehn hinaus, sperren ihn ein und er soll seine Möbel bewachen.

Ewald. Ein delikater Einfall. (Nimmt die Fackel von der Kulisse.)
Nun wohl, bleiben Sie hier und haften Sie mir für alles.

Simplizius. Und geben Sie acht, daß Ihnen nichts wegkommt, sonst müssen Sie's zahlen.

(Ewald und Simplizius gehen schnell hinaus und sperren die Tür zu. Wie die Fackel ans dem Zimmer ist, verwandelt sich dasselbe wieder in die arme Stube.)

Siebzehnte Szene. Riegelsam (allein, springt auf und sagt im höchsten Erstaunen). Blitz und Donner, was ist das für eine Bescherung? Bin ich in eine Zauberhöhle geraten? Wo sind die Möbel hingekommen? Die schöne Uhr, die herrlichen Bilder. Alles ist fort, Fetzen sind da. (Zerreißt die Kleider.) Nichts als Fetzen sind da und die Lumpen sind fort. Ha! Ich muß ihnen nach.—Die Tür ist verriegelt, ich kann nicht hinaus, ich erstick' vor Wut. Meine fünfhundert Taler. (Sinkt in den Stuhl.)

Simplizius (sieht zu dem kleinen Fenster herein). Freund, die sind verloren.

Riegelsam. O du Hexenmeister, wirst du hereinkommen! Schaff mir meine Möbel her!

Simplizius. Wollen Sie s' nochmal sehn? (Hält die Fackel zum Fenster herein.) Da sind sie! (Das Zimmer wird wie vorher reich möbliert.)

Riegelsam (stürzt mit ausgebreiteten Armen darauf hin). Halt, jetzt lass' ich sie nicht mehr aus.

Simplizius (zieht die Fackel zurück).

(Schnelle Verwandlung.)

Simplizius. Halten Sie s' fest.—So rächt sich Simplizius, der Verschuldete.

Achtzehnte Szene. Riegelsam (der bei der Verwandlung betroffen zurückfuhr, springt nun wütend auf das Fenster zu, welches Simplizius ihm vor der Nase zuschlägt). Spitzbuben! Gesindel! Räuber! Mörder! Dieb'! (Schlägt die Fensterscheiben ein.) Ich zerplatz' vor Zorn. Ich muß ihnen nach. (Will zum Fenster hinaus und bleibt stehen.) Ich kann nicht durch, ich bin zu dick, ich erstick'! Was seh' ich! O höllische Zauberei, sie fliegen auf einer Wolken davon. Die prächtigen Kleider, der Schneider strotzt vor Silber, wenn ich s' ihm nur herabreißen könnt'. Meine fünfhundert Taler. Ich werd' unsinnig, ich spreng' mich in die Luft. Nein, ich spreng' die Tür' ein. (Er tut es.) Hilfe! Hilfe! Räuber! Dieb'! Wache! (Ab.)

Neunzehnte Szene. (Großer Platz in Massana, im griechischen Stil erbaut. Seitwärts der königliche Palast. Stufen führen aufwärts, auf welchen der Genius des Todes, ein bleicher Jüngling mit der umgekehrten ausgelöschten Fackel, mit geschlossenen Augen sitzt. Viele Personen in Trauer, viele nicht, gehen händeringend herum über die Straße.)

Kurzer Chor.
Jammer, sag', wann wirst du scheiden,

Von Massanas Unglücksflur;
Große Götter, hemmt die Leiden,
Eure Macht vermag es nur.

(Gehen trauervoll ab.)

Zwanzigste Szene.
Lucina (kommt und betrachtet mit Wehmut den Palast).
Genius des
Todes.

(Die ganze Szene muß von beiden Seiten langsam und feierlich gesprochen werden.)

Lucina.
Mich erfaßt ein widrig Schauern,
Blick' ich auf dies Trauerschloß.
Schon seh' ich den Jüngling lauern,
Armer Fürst, dein Leid ist groß.
(Mit erhobener Stimme.)
Du, des Todes Genius,
Magst durch Antwort mich beglücken;
Wirst du heut den eis'gen Kuß
Auf Massanas Lippen drücken?

Genius des Todes (hebt sein Haupt, stets bleibt die Fackel gesenkt. Spricht kalt und ernst im tiefen Tone).

Wenn die Nacht den Tag verjagt
So heischt's Hades Rachesinn,
Hat Massana ausgeklagt.
(Kurze Pause.)
 Rauscht das Meer darüber hin.
Lucina.

Und wie wird der König enden,
Wirst du freundlich ihn umfahn?
Genius des Todes.
Hades kann nur Schrecken senden,
Düster wird sein Ende nahn.
Lucina.
Wehmut seufzt aus deiner Kunde
Und doch frommt sie meinem Plan,
Mich beglückt die Unglücksstunde,
Wenn ich dich erweichen kann.
Schenk' das Leben mir von zweien,
Die nicht Hades Fluch getroffen,
Die nicht an die Zahl sich reihen,
Die Erbarmen nicht zu hoffen.
Genius des Todes (lächelnd).
Nimm das Leben hin von zweien,
Du entziehst mir's dennoch nicht.
Lucina.
Möchtest du mir noch verleihen,
Daß Heraklius' Auge bricht,
Eh' des Landes Festen beben.
Genius des Todes.
Eh' den Turm noch küßt die Well',
Lischt des kranken Königs Leben.
Lucina.
Doch Massana muß dann schnell,
Eh' die Zeit Sekunden raubt,
In dem Augenblick versinken,
Wo auf einem fremden Haupt,
Wird des Königs Krone blinken.
Genius des Todes
(läßt das Haupt sinken und
sagt dumpf und langsam).
Wird versinken.
(Pause, dann noch mit gesenkten Haupte)

        Laß mich lauschen.
Lucina.
 Ist dein Aug' zum Schlaf erlahmt?
(Gejammer in der Szene, mehrere Stimmen: Hilf, er stirbt.)
Genius des Todes.
 Hörst du's rauschen?
(Hebt das Haupt.)
 Dorthin ruft mein eisern Amt.

(Er steht auf, sein Haupt ist etwas gebeugt, die rechte Hand streckt er gegen den Ort, wo der Schall hertönt, als zeigte er hin, die linke hängt, die umgestürzte Fackel haltend, gerade herab, so eilt er gemessenen Schrittes in die Kulisse, doch auf die entgegengesetzte Seite des Palastes.)

Lucina (blickt gegen Himmel)
    Götter, die ihr gnädig waltet
Und doch unbegreiflich schaltet!

(Geht langsam auf die entgegengesetzte Seite ab.)

Einundzwanzigste Szene.
Thestius, Epaminondas (mehrere Einwohner von Massana kommen von der
Seite, wo der Genius abgeschritten ist).

Thestius. Ist aus mit ihm, ist stumm; die Götter haben seinen Mund geschlossen.

Epaminondas. Ein sonst so sanftes Roß, und schleudert ihn herab, daß von dem Fall die Erde donnert. (Die Weiber weinen.) So heult doch nicht, seid ihr's nicht schon gewohnt? Seit sieben vollen Jahren hat Unglück hier im Lande sich gelagert und über diese Stadt sein schwarzes Zelt gespannt. Ich bin schon stumpf gemacht, mich kann's nicht rühren mehr, wenn meines Nachbars Dach auf seinen Schädel stürzt. Nur Weiber können sich an so was nicht gewöhnen.

Thestius. O Hades, ungerechter Fürst der Unterwelt, der du aus
Rache, weil Massana nicht den König hat gewählt, den du durch deine
unterirdischen Orakel ihm bestimmen ließest, das arme Reich mit
Übel aller Art verfolgst; so daß wir wie auf nie betretnem Eisgeklüft, nicht einen Schritt auf breiter Straße tun, wo nicht
Gefahr des Lebens mit verbunden ist.

Epaminondas. Seht, was läuft das Volk zusammen? Zwei Fremde bringen sie.

Thestius. Die sind so selten jetzt im Lande, als ob sich Kometen zeigten. Hypomedon führt sie.

Zweiundzwanzigste Szene.
Vorige. Hypomedon, Ewald und Simplizius, beide im ägyptischen
Kostüme.

Hypomedon. Endlich haben wir wieder das Glück, zwei Fremdlinge in unserer Stadt zu sehen. Staunt, aus Ägypten kommen diese Leute gar, um bei uns Verachtung des Lebens zu lernen.

Ewald. Sei gegrüßt, Volk von Massana, ich habe Wichtiges in deinem

Reiche zu verhandeln.

Simplizius. Zu verhandeln, sagt er, auf die Letzt' halten s' uns für Juden.

Thestius. Seid uns gegrüßt, wir bedauern euch.

Simplizius (macht große Augen). Der bedauert uns.

Thestius. Euch haben böse Sterne in das Land geleitet.

Simplizius. Ach warum nicht gar, wir sind ja beim helllichten Tag ankommen.

Ewald (nimmt ihn auf die Seite). Sein Sie nicht so gemein, tun Sie vornehm, klug, bescheiden und drücken Sie sich in bessern Worten aus.

Simplizius. Das müssen Sie mir schriftlich geben, denn so kann ich mir das nicht merken.

Ewald. Glaubt nicht, daß ich der Pyramiden geheimnisvollen Aufenthalt umsonst verließ, ihr werdet die Gestirne hoch verehren, die nach Massana mir geleuchtet, denn fromme Götter haben mich zu euch gesendet.

Thestius. So preisen deine Sendung wir. Dein Aug' ist sanft, und edel deine Haltung, dein Antlitz flößt Vertrauen ein, und deine kühn gewölbte Stirn mag wohl ein Thron der höchsten Weisheit sein.

Simplizius. Nein, was s' an dem alles bemerken, das wär' mir nicht im Schlaf eing'fallen. Einen Thron hat er auf der Stirn, und da sitzt die Weisheit d'rauf. (Macht die Pantomime des Niedersetzens.) Jetzt, was werden s' erst auf meiner Stirn' alles sitzen sehn?

Thestius. Willst du mein Unglückshaus zur Wohnung dir

erwählen, so folge meinem scheuen Tritt, doch laß die Vorsicht emsig prüfen deinen Pfad und Besorgnis über deine Schultern schaun. (Verbeugt sich tief.)

Ewald. Mein Dank grüßt deines Hauses Schwelle, mit frohem Hoffnungsgrün wird dir der Gast die Hallen schmücken. Simplizius, folge bald! (Geht mit Anstand a, Thestius folgt.)

Dreiundzwanzigste Szene.
Vorige, ohne Ewald und Thestius.

Simplizius (sieht ihm erstaunt nach). Ich empfehl' mich ihnen. Ah, was die Weisheit für eine langweilige Sach' ist, das hätt' ich in meinem Leben nicht gedacht. Ich will einmal lustig sein. (Tut nobel zu Epaminondas.) Sagen Sie mir, mein edelster Massanier, was gibt es denn für Spaziergänge hier?

Epaminondas. Der betretendste Weg führt ins Elend.

Simplizius. So? Das muß eine schöne Promenade sein.

Hypomedon. Du wirst sie schon noch sehen.

Simplizius. Ich freu mich schon d'rauf. Haben Sie auch ein Theater?

Epaminondas. O ja. (Seufzend.) Massana heißt der Schauplatz.

Simplizius. Was wird denn da aufgeführt?

Hypomedon. Ein großes Trauerspiel.

Simplizius. Von wem?

Epaminondas. Ein Werk des Orkus ist's.

Simplizius. Den Dichter kenn' ich nicht, muß ein Ausländer sein.

Hypomedon. Es währt schon sieben Jahre.

Simplizius. O Spektakel, da muß einer ja drei-, viermal auf die
Welt kommen, bis er so ein Stück sehn kann. Wer spielt denn mit?

Epaminondas. Das ganze Volk.

Simplizius. Also ein Volkstheater. Und wer schaut denn zu?

Epaminondas. Die Hölle.

Simplizius. Da muß ja eine Hitz' im Theater sein, die nicht zum aushalten ist. Überhaupt scheinen die Leut' hier nicht ausg'lassen lustig z' sein. Warum weinen denn die Fraun da?

Eine Frau. Wir beweinen euer Schicksal.

Simplizius. Unser Schicksal? Was haben denn wir für ein Schicksal?
Wen tragen s' denn da? (Sieht in die Kulissen.)

Hypomedon. 's ist nur einer, den ein Roß erschlagen hat.

Simplizius. Erschlagen hat's ihn nur? O, da reißt er sich schon noch heraus, hier ist eine g'sunde Luft. Wer wohnt denn in dem großen Haus?

Hypomedon. Das steht leider leer, die Leute sind alle herausgestorben.

Simplizius. Warum nicht gar? Was hat ihnen denn g'fehlt?

Epaminondas. Nu, es ist eine eigene Krankheit, es ist nicht gerade ein gelbes Fieber —

Simplizius. Nu, wenn es nur eine Farb' hat, ich bin mit allen z'frieden. (Sieht auf die entgegengesetzte Seite in die Kulisse.)

Sie, da tragen s' ja schon wieder einen?

Epaminondas. Das geht den ganzen Morgen so, heut ist ein gefährlicher Tag, Ihr dürft Euch in acht nehmen.

Simplizius. In acht nehmen? Ja, haben Sie denn etwa die Pest?

Epaminondas. Nu, jetzt nicht mehr so sehr.

Simplizius. Nicht mehr so sehr? Hören Sie auf, mir wird völlig angst. Ich bitt' Sie, mein lieber — wie heißen Sie?

Epaminondas. Epaminondas.

Simplizius. Epaminondas? Das ist auch ein so ein g'fährlicher Nam'. Also, mein lieber Epaminondas, haben Sie die Güte und führen Sie mich wohin, daß ich eine Aufheiterung hab', denn ich bin sehr miserabel.

Epaminondas. Ich will dich an einen Ort führen, wo du vielleicht
Bekannte findest.

Simplizius.. O, das wär' prächtig. Wohin denn?

Epaminondas. In die Fremdengruft; dort liegen alle Fremden begraben, die seit sieben Jahren in unsere Stadt gekommen sind.

Simplizius. Alle, ohne Ausnahm'?

Epaminondas. Ja, ja, alle; du kannst dir gleich dort einen Platz bestellen.

Simplizius. Einen Platz soll ich mir bestellen, wie auf einem G'sellschaftswagen? Sie wahnsinniger Mensch, was fallt Ihnen denn ein? Was ist denn das für ein Land? Das ist eine wahre Marderfallen, wo man nicht mehr hinaus kann. Und das erzählen Sie einem noch, Sie abscheul wie heißen S'? Ich habe Ihnen schon wieder vergessen.

Epaminondas (wild). Epaminondas.

Simplizius. Der Nam' bringt einen allein schon um. So widerrufen Sie doch, Epaminondas, wenn Sie nicht wollen, daß mich die Angst verzehrt.

Vierundzwanzigste Szene.
Vorige. Sillius eilig.

Sillius. Helft, helft, es steht ein Haus in Flammen!

Alles (läuft ab). Hilfe, rettet, fort!

Epaminondas (lacht). Haha, die Toren löschen dort und jammern sich bei fremdem Unglück krank. Da lach' ich nur, ich bin ein Stoiker, wer raubt mein Glück?

Fünfundzwanzigste Szene.
Vorige. Argos eilig.

Argos. Du sollst nach Hause kehrn, Epaminond', dein Sohn ist tot.

Epaminondas (die Hände jammernd ringend). Mein Sohn! Mein Sohn! O unglücksel'ger Tag! Ich überleb' ihn nicht! (Stürzt mit Argos ab.)

Sechsundzwanzigste Szene.

Simplizius allein, dann zwei Diener des Thestius.

Simplizius (zittert am ganzen Leibe). Schrecklich, schrecklich!
Stirbt schon wieder eine Familie aus. Der Stoiker ist g'straft für
seinen Übermut. Mich fangt eine Ohnmacht ab. (Setzt sich auf die
Stufen des Palastes.) Wo werden s' da Hofmannische Tropfen haben?
Hilfe, Ohnmacht, Hilfe!

Diener (aus dem Hause). Du möchtest hinaufkommen, Fremdling, dich zu laben.

Simplizius (matt). Laben? Das ist die höchste Zeit, daß Sie mich laben. Ich komm' schon, nur voraus.

Diener. Doch nimm dich wohl in acht, die Treppe ist sehr steil, es haben sich drei Hausgenossen schon das Bein gebrochen.

Simplizius (in höchster Angst). Ums Himmels willen, das nimmt ja gar kein End'. (Die Knie schnappen ihm zusammen.) Ich trau' mich gar nicht aufzutreten mehr. Führt's mich hinein. (Der Diener führt ihn unter dem Arm, er spricht unter dem Abgehen:) O schlechtes Volk! Eine Fremdengruft haben s', das gelbe Fieber, etwas Pest, Epaminondas—ein' Beinbruch auch. O Angst, wann ich hier stirb', mein Leben sehn s' mich nimmermehr. (Schleppt sich ab, von den Dienern geführt.)

Siebenundzwanzigste Szene. (kurzes Gemach in Thestius' Hause mit zwei Seitentüren.)

Thestius. Ewald.

Thestius. Du bist gemeldet bei dem König, Fremdling, als unsres Landes wunderbarer Retter. Seit frühmorgens sind schon die Minister all um ihn versammelt. An unheilbarem Übel liegt der Herrliche danieder, und wie der Mensch durch höhern Schmerz den mindern nicht fühlt, so klagt das Volk mit edler Lieb' bei seines Königs hohem Leid, daß es ob dem Gestöhn' das eigne groß vergißt.

Ewald. O, wie entzückend ist es, so geliebt zu sein.

Thestius. So liebt der König auch sein treubewahrtes Volk, und gleichen Sieg erringt sein edles Herz. Wie glücklich wär' dies Land, wenn nicht der unbarmherz'ge Fürst der unterird'schen Schatten —

Achtundzwanzigste Szene.
Vorige. Hermodius eilig und bestürzt.

Hermodius. Wo ist der Weise aus Ägyptens Zauberlande, der Rettung bietet dem bestürzten Volk?

Thestius. Du siehst ihn hier voll sanfter Würde stehn.

Hermodius. Beweisen magst du nun, daß gute Götter dich mit wunderbarer Zauberkraft begabt; du mußt zum König schnell, es will sein Geist Elysium erkämpfen, doch sendet Hades schauervolle Bilder, mit Schreckensnacht sein Auge zu umgarnen, und Furien, furchtbar anzuschauen, mit Schlangen reich umwunden, auf faulen Dünsten schwebend, durchrauschen das Gemach. Nun sprich; kannst du des Orkus Nacht durch Eos' Strahl erhellen?

Ewald.. Ich kann es nicht, den Göttern ist es möglich, und

was ich bin, ich bin es nur durch sie.

Hermodius. So eil' mit mir, es ist die höchste Zeit.

Ewald (umarmt Thestius mit Rührung). Mein Thestius, leb' wohl,
Osiris möge dich für deine Güte lohnen. (Für sich mit Schmerz.)
Massana sinkt, ich seh' ihn nimmermehr. Nun komm, geleite mich, mir
winkt ein großer Augenblick.

Thestius. Kehr' bald zurück, mein Herz erwartet dich.

(Ewald und Hermodius zur Seite ab, Thestius zur entgegengesetzten
Seite ab.)

Neunundzwanzigste Szene.
Simplizius und Arete treten ein.

Arete. Ach, du armer Mensch, komm doch herein, warum willst du denn keine Speise nehmen.

Simplizius. Ich bin überflüssig satt, mir liegt das ganze Land im
Magen, drum bring' ich nichts hinein. Ich verhungre noch vor Angst.

Arete. Pfui, schäm' dich doch, bist du ein Mann?

Simplizius (beiseite). Ich weiß selbst nicht mehr, was ich bin. (Laut.) Vermutlich.

Arete. Betrachte mich; ich bin ein Mädchen. Wir haben zwar

große Ursache, uns zu fürchten, man hat heute ein Erdbeben verspürt, daß die Stadtmauern erzittert haben.

Simplizius. Jetzt, wenn die Stadtmauern schon zum Zittern anfangen, was soll denn unsereiner tun?

Arete. Warum bist du denn aber eigentlich nach Massana gekommen?

Simplizius (zittert). Weil ich das Land erretten muß.

Arete. Du? Ach, ihr guten Götter, wenn du dich nur nicht vorher zu
Tode zitterst.

Simplizius. Glaubst? Das war' sehr fatal.

Arete. Armer Narr, du dauerst mich.

Simplizius. Ich dank' ergebenst. Das Mädel wär' so hübsch, wenn mir nur nicht die Knie zusamm'schnappeten; ich fanget aus lauter Angst eine Amour an.

Arete. Warum blickst du mich so forschend an, was wünschest du?

Simplizius (für sich). Wenn sie nur in der G'schwindigkeit eine
Leidenschaft zu mir fasset, so könnten wir heut vormittag noch
durchgehn, da käm' ich doch auf gute Art aus dem verdammten Land.
Sag' mir, liebes Kind, was fühlst du eigentlich für mich?

Arete. Mitleid, inniges Mitleid!

Simplizius. Inniges Mitleid? Aha, sie ist nicht ohne Antipathie für mich. Könntest du dich wohl entschließen —

Arete. Wozu?

Simplizius. Die Meinige zu werden.

Arete. Arete die Deinige?

Simplizius.. Ja, Arete, du hast mein Herz arretiert.

Arete (sehr stolz). Wer bist du, der du es wagst, um die Hand einer edlen Massanierin anzuhalten?

Simplizius (beiseite). Soll ich ihr meinen Stand entdecken? Nein, ein mystisches Dunkel muß darüber walten. (Laut.) Ich bin nicht, was ich scheine, und scheine auch nicht, was ich bin, und wenn ich das wäre, was ich sein möchte, so würd' ich nicht scheinen. was ich nicht bin.

Arete. Ich verstehe dich.

Simplizius. Da g'hört ein Geist dazu, ich versteh' mich selber nicht.

Arete. Du möchtest gern scheinen, was du nicht bist, und bist doch so sehr, was du auch scheinst.

Simplizius. Hat's schon erraten, es ist unglaubbar. Sag' mir, Mädel,
 hättest du wohl den Mut, mich zu entführen?

Arete. Dich?

Simplizius. Oder umgekehrt.

Arete. Das heißt, ich soll mit dir mein Vaterland verlassen? Ich verstehe dich wohl.

Simplizius. Hat mich schon wieder verstanden.

Arete. Damit du mich aber auch verstehst, so will ich dir

sagen, wofür ich dich halte; Du bist ein unverschämter, erbärmlicher Mensch, der es wagt, seine vor Todesfurcht bebenden Lippen zu einer Liebeserklärung zu öffnen und einem edlen Mädchen von Massana seine krüppelhafte Gestalt anzutragen. Entferne dich, mit dir zu reden ist Verbrechen an der Zeit, und wenn du künftig wieder ein Mädchenherz erobern willst, so stähle das deinige erst mit Mut; mutige Männer werden geliebt, mutlose verachtet man.

Simplizius. Da g'hört ein Stoiker dazu, um das zu ertragen. Lebe wohl, du wirst zu spät erfahren, wen du beleidigt hast. Ha, jetzt kann Massana fallen, ich heb's g'wiß nicht auf.

Arete. Halt, weile noch, erkläre dich, damit ich erfahre, wessen
Antrag mich entwürdigt hat.

Duett.

Arete. Wer bist du wohl, schnell sag' es an?

Simplizius. Ich hab's schon g'sagt, ich bin ein Mann.

Arete. Wie heißest du, bist du von Adel?

Simplizius. Ich heiß' Simplizius Zitternadel.

Arete. Der Name klingt mir sehr gemein.

Simplizius. Es kann nicht alles nobel sein.

Arete. Wie kannst du solchen Unsinn sagen?

Simplizius. Das wollt' ich dich soeben fragen.

Arete. Dein Äußres ist mir schon zuwider.

Simplizius. Das schlägt mein Innres sehr danieder.

Arete. So häßlich ist kein Mann hienieden.

Simplizius. Die Gusto sind zum Glück verschieden.

Arete. Wie abgeschmackt der Schnitt der Kleider.

Simplizius (aufbrausend). Das ist nicht wahr, ich bin—(faßt sich und sagt gelassen) nur weiter.

Arete. Nun hättest du dich bald verraten.

Simplizius. Ja, meiner Seel', jetzt hat's mir g'raten.

Arete. Du mußt mir sagen, wer du bist?

Simplizius. Ich bin ein Held, wie's keiner ist.

Arete (spöttisch). Dein Mut ist in der Schlacht wohl groß?

Simplizius. Ich stech' oft ganze Tag' drauf los.

Arete. Umsonst verschlingst du schlau den Faden.

Simplizius. Mir scheint, die Feine riecht den Braten.

Arete. Mein Argwohn läßt sich nicht mehr trennen.

Simplizius. Jetzt braucht s' nur noch die Scher' zu nennen.

Arete. Du bist kein Prinz, gesteh' es mir.

Simplizius (zornig). Ich bin ein Kleideringenieur!

Arete. Ha!

(Beide zugleich.)

Ihr Götter, was hör' ich, mein Auge wird trübe,

Ein solcher Plebejer spricht zu mir von Liebe,
        Welch eine Glut,
        Brennet im Blut;
        Wütender Schmerz,
        Flammet im Herz.
Schnell flieh' ich von hinnen, verberge mich schon,
O folternde Hölle, beschämende Reu'!

Simplizius. Was soll ich es leugnen, 's ist keine Schand',
Denn Achtung verdienet mein nützlicher Stand.
        Ich sag' es g'rad,
        Ich g'hör zur Lad';
        Und meine Scher',
        Schwing' ich mit Ehr'.
Ich schrei in die Welt hinaus, 's ist meine Pflicht,
Ich bin ja kein Pfuscher, drum schäm' ich mich nicht.

(Beide ab.)

Dreißigste Szene.
(Königliches Gemach.)

(Die Hinterwand bildet einen großen offenen Bogen, vier Schuh tiefer, eine breite Rückwand von dunklen Wolken, durch welche man wie im Nebel eine riesige bläulichte Figur mit glühenden Augen erblickt, welche das Haupt mit einem Kranz von Rosmarin umwunden hat. Sie ruht lauernd auf den Wolken, ihren Blick auf Heraklius heftend, ist mit dem Todespfeil bewaffnet und stellt die alles vernichtende Zeit in furchtbar drohender Gestalt vor. Larven grinsen hie und da aus den sie umgebenden Wolken hervor. Zwischen dieser Wand und der Öffnung des Bogens sieht man vier dunkle Schatten bei einem offenen Grabe beschäftigt, aus welchen ein erst darin versenkter vergoldeter Sarg noch etwas hervorsteht. Das Gemach ist dunkel, der Donner rollt. In einem goldenen Armstuhl ruht Heraklius, um ihn trauernd die Großen des Reiches und Diener des Tempels. Neben ihm auf einem Marmortisch die Krone. An den Kulissen, dem Armstuhl des Königs gegenüber, ein auf drei Stufen erhabener einfacher Sitz.)

Heraklius, Ewald und Hermodius.

Kurzer Chor der Furien.
Wo der Frevler mag auch weilen,
Trifft ihn doch des Orkus Rache,
Und ihr Dolch wird ihn ereilen,
Selbst im goldnen Prunkgemache.

Heraklius (in matter Unruh).
Hinweg, hinweg, du scheußlicher Vampir,
Der frommes Hoffen aus der Seele saugt.

Hermodius (zu Ewald).
Du siehst des guten Königs Leiden hier,
Ein Bild, das für kein menschlich Auge taugt.

Heraklius. Wer störet meine Pein?

Hermodius. Dein Retter, Herr.

Heraklius. Umsonst, umsonst, wer bringt die Höll' zum Weichen?
O Qual, wenn ich doch nicht geboren wär'!

Ewald. Ich kann, mein Fürst, den Anblick dir verscheuchen.

Heraklius. Wenn du's vermagst, ein Fürstentum zum Lohne.

Ewald. So hoch schwebt auch der Preis, den ich bestimm',
Ich fordre viel, ich fordre deine Krone.

Heraklius. Sie war mein Stolz—vorbei—verscheuch'—nimm
—nimm!

Ewald (zu den Edlen).
Ihr habt's gehört, seid ihr damit zufrieden?

Alle (dumpf und halblaut).
Wenn dich der König wählt, wählt dich das Reich.

Ewald. So will ich über dieses Schauertum gebieten,
Bei Isis' Donner, Truggewölk' entfleuch!

(Donnerschlag, er schwingt die Fackel, die Hinterwand
entweicht, Grab und Schatten verschwinden, ein tiefes
Wolkentheater zeigt sich, es stellt ein praktikables
Wolkengebirge vor. Oben quer vor der Hinterwand eine
goldene Mauer und ein goldenes Tor. Hinter diesem strahlt
heller Sonnenglanz, der sich im Blau des Himmels verliert,
das mit Sternen besäet ist. Am Fuße dieses Gebirges beim
Ausgange sitzt auf einem Piedestal Thanatos wie in der
früheren Szene, doch mit der brennenden Fackel.
Sphärenmusik ertönt. Heraklius' Gestalt wird von Genien
mit Rosenketten über den Wolkenberg geleitet, bis zu dem
goldenen Tor, dort sinkt sie nieder. Die Musik währt leise
fort.)

Heraklius. O süßer Seelentrank aus himmlischem Gefäß,
O Lust, gefühlt durch neu erschaffnen Sinn,
Wenn ich auch tausend Kronen noch besäß',
Ich geb' sie gern für diesen Anblick hin.
O krönt ihn noch an meinem Sterbebette,
Er wird mein fluchzerrüttet Land beglücken.
    (Nun öffnet sich das goldene Tor, eine glänzende

Göttergestalt
tritt heraus.)
Mir ist so leicht, es schmilzt die ird'sche Kette,
Mein Geist entflieht, o unnennbar Entzücken!

(Thanatos stürzt mildlächelnd die Fackel um, die verlischt, zugleich drückt die Göttergestalt den König an die Brust, sein Kleid verschwindet, und er steht im weißen Schleiergewande da, welches rosig bestrahlt wird. Genien bilden eine Gruppe. Heraklius' Haupt sinkt sanft auf seinen Busen, Ewald löscht die Fackel aus, und der das Gemach schließende Vorhang rauscht langsam und leise herab, die Musik verhallt. Feierliche Pause, Rührung in jeder Miene.)

Hermodius. Es ist vorbei, er mußte von uns scheiden.
Ein königliches End', durch Ruhm verklärt.
Wer so beglückt vergeht, ist zu beneiden,
Beim Zeus, so ist der Tod ein Leben wert!
   (Man bedeckt Heraklius mit einem seidnen Mantel.)
Nun laßt sein letzt Gebot uns schnell benützen,
Denn ohne König kann das Land nicht sein.

Adrasto (nimmt die Krone und stellt sich vor Ewald hin).
Wie Götter dich, so wirst du uns beschützen,
Drum nimm den Platz auf jenen Stufen ein.

(Ewald besteigt die Stufen, auf welchen der Sitz angebracht ist.)

Ewald (für sich). Es bebt mein Herz, mich fasset Todesschrecken.

(Kniet nieder.)

Alle. Wir huld'gen dir als Herrscher ehrfurchtsvoll.

(Knien.)

Adrasto. So mag die Kron' dein weises Haupt bedecken,
Sei König—herrsch'—

Bei dem letzten Worte hat er ihm die Krone aufs Haupt gesetzt, doch ohne die geringste Pause stürzt unter schrecklichem Gekrach der Saal zusammen. Der Bogen und die Kulissen bilden Berge von Schutt, welche die Spielenden dem Auge des Publikums entziehen. Im Hintergrunde zeigt sich das Meer, das zwischen die Schuttberge des Saales hereindringt und aus dem in der Ferne die versunkenen Türme von Massana hervorragen. Die Stufen, wo Ewald kniet, verwandeln sich in Wolken, worauf er bis in die Mitte des Theaters schwebt und wehmütig ausruft:

Massana, lebe wohl!

Er schwingt seine Fackel, um den traurigen Anblick zu verschönern und fährt fort. Die aus dem Meere hervorragenden Trümmer und der Schutt des Saales verwandeln sich in zarte Rosenhügel. Die Luft wird rein, und das Ganze strahlt im hellsten Rosenlichte.

(Der Vorhang fällt langsam).

Ende des ersten Aufzuges.

Zweiter Aufzug.

Erste Szene.
(In Agrigent.)

Ein anderer Teil des Waldes am roten See, welcher

praktikabel ist.
Androkles, Clitonius und Jäger treten mit Wurfspießen bewaffnet auf.

Jägerchor.
     Jägerlust müßt' bald erschlaffen,
Gält' die Jagd nur feigen Affen;
Doch wenn durch der Wälder Stille
Mächtig tönt des Leus Gebrülle,
Hier die grausame Hyäne
Fletscht die mörderischen Zähne,
Dort, eh' man den Wurfspieß schwingt,
Aus dem Busch der Tiger springt,
Dann beginnt des Waldes Krieg.
Falle, Jäger, oder sieg'!

Androkles (zu den Jägern). Verteilt euch, wie ihr wollt, der König jagt allein, ihr mögt euch hüten, seinem Feuerblick zu nahen, der zornigflammend durch des Forstes Dunkel blitzet.

(Alle bis auf Clitonius und Androkles ab.)

Zweite Szene.
Androkles und Clitonius.

Androkles. O mein Clitonius, was mußten wir erleben, die hohen
Götter sind aus Agrigent gewichen.

Clitonius. Wo mag wohl unser edler König weilen, den seines Hauses
Laren treu gerettet haben. Könnt' er doch sehn, wie sich

sein armes
Volk betrübt.

Androkles. Wer freut sich nun in Agrigent? Der Wahnsinn lacht allein, gesundes Hirn muß trauern. Ist doch Phalarius selbst, seitdem die Höllenkron' auf seinem Haupte brennt, als hätt' des Unmuts Dolch sein falsches Herz durchbohrt. Weißt du, warum die Jagd nun tobt? Aspasia ist nicht mehr.

Clitonius. Aspasia? Die Schwester unsers teuern Königs Kreon? Die herrliche Aspasia?

Androkles. Sie war's allein, der Phalarius an dem verhängnisvollen Tag des schauerlichen Überfalls das Leben ließ, weil er als Feldherr schon für sie in Lieb' entbrannt. Seit er das Reich besitzt, bestürmt er sie mit Bitten und mit Drohungen, sie möchte ihre Hand ihm reichen, er wolle ihr dafür drei Königreiche bieten; doch wie sie ihn und seine Kron' erblickt, da sinkt sie zitternd vor ihm nieder und krümmt sich zu dieses Wütrichs Füßen, beschwört mit Tränen ihn, von ihr zu lassen, es gäb' für seine Kron' auf Erden keine Liebe. Doch er reißt sie mit Ungestüm an seine Eberbrust und will dem keuschen Mund den ersten Kuß entreißen; da wandeln sich der Lippen glühende Korallen in bleiche Perlen um, des Auges Glanz erstirbt, des Todes Schauer fassen ihre Glieder, die Angst, daß sie der Kron' so nah', bricht ihr das Herz, kalt und entseelt hält sie Phalarius, vor Schreck erbleichend, in den Armen.

Clitonius. Entsetzlich Glück, sich so gekrönt zu wissen.

Androkles. Da faßt ihn eine Wut, er tobt, daß des Gemaches Säulen beben; Zur Jagd! ruft er, hetzt mir des Waldes Tiger all' auf mich, die Erd' wühlt auf, daß Ungeheuer ihr entkriechen, die sich noch nie ans Sonnenlicht gewagt, gebt Nahrung meinem Pfeil, damit mein Haß umarmen kann, weil Lieb' mein Herz so unbarmherzig flieht. So stürzt er fort zur Jagd, und zitternd beugt vor ihm der schwarze Forst sein sonst so drohend Haupt.

Clitonius. Da wird uns wohl der Morgenstrahl im Wald begrüßen.

Androkles. Der Abend kaum, denn eh' der Mond sich noch auf des Palastes Zinnen spiegelt, verbirgt er sich in ein Gemach, aus Marmor fest gewölbt, ganz öffnungslos, damit kein Strahl des Mondes kann sein Haupt erreichen, weil seine Kron', so sagt Dianens weiser Diener, die Kraft verliert, solang' des Mondes Licht auf ihren Zacken ruht. Und weil in dieser Zeit sein Leben nicht gesichert ist, verriegelt er die Tür aus festem Ebenholz; doch ohne Mondenglanz kann nie ein Pfeil ihn töten, und kraftlos sinken sie zu seinen Füßen nieder.

Clitonius. Sprich nicht so laut, es rauscht dort im Gebüsch.

Androkles (schwingt den Wurfspieß). Ein Tiger ist's.

Clitonius. Nein, nein, es ist Phalarius, dich täuscht sein Pantherfell; wir sind verloren, wenn er uns gehört.

Androkles. Schweig still, er raset dort hinüber dem Löwen nach, der ängstlich vor ihm flieht. Komm, laß uns auch vor diesem Königstiger fliehn, wenn Löwen weichen, dürfen Menschen sich der Flucht nicht schämen.

(Beide ängstlich ab.)

Dritte Szene. Musik. Lulu und Fanfu, geflügelte Genien, bringen Zitternadel in einem großen Schal, welchen sie an beiden Enden halten, als trügen sie etwas in einem Tuche, durch die Luft. Sie stehen auf Wolken, und der Schal ist ein

Flugwagen und so gemalt, daß Zitternadel gekrümmt wie ein Kind darin liegt und kaum sichtbar ist. Er ruht auf der Erde, der Schal fliegt wieder fort.

Lulu. So steig nur heraus, du tapfres Hasenherz, hier sind wir schon in Sicherheit.

Fanfu. Nun, Schnecke, streck' den Kopf heraus.

Zitternadel (steckt den Kopf heraus). Wo sind wir denn? Ich muß erst meine Gliedmaßen alle zusamm'suchen. (steigt aus, die Genien helfen ihm.) So, ich dank' untertänigst, das sind halt Kinderln, wie die Tauberln. Au weh, so ein Erdbeben möcht' ich mir bald wieder ausbitten. Ich schau' beim Fenster hinaus in meiner Schuldlosität, auf einmal fangt's zum krachen an, als wenn die ganze Welt ein Schubladkasten wär', der in der Mitte voneinanderspringt, und ich stürz' über den siebenten Stock hinunter, die zwei Kinderln fangen mich aber auf und fliegen mit mir davon. Kaum sind wir in der Höh', macht es einen Plumpser, und die ganze Stadt rutscht aus und fällt ins Wasser hinein. Der arme Dichter hat sich eintunkt mit seiner Weisheit. O unglücksel'ger Tag! Weil nur ich nicht ins Wasser g'fallen bin, die Schneiderfischeln hätten's trieben. Überhaupt, wenn die Fisch' die Zimmer unterm Wasser sehn, die werden sich kommod machen. Wenn so ein Walfisch unter einem Himmelbett schläft, der wird Augen machen. Zwar daß ein Stockfisch auf einem Kanapee liegen kann, das hab' ich an mir selber schon bemerkt. Wenn nur keiner in eine Bibliothek hineinschwimmt, denn da kennt sich so ein Vieh nicht aus. O, du lieber Himmel, ich werd' noch selbst ein Fisch aus lauter Durst. (Kniet nieder.) Liebe Kinderln, seid's barmherzig, laßt mir etwas zufließen, sonst muß ich verdursten.

Lulu. Dein Durst ist uns recht lieb, wir haben dich darum hierher gebracht, um dich zu wässern.

Simplizius. So wässert's mich einmal, ich kann's schon nicht erwarten.

Lulu. Trink dort aus jenem See. Hier hast du eine Muschel. (Holt eine vom Gestade.)

Simplizius. Der rotköpfige See? Aus dem trau' ich mich nicht zu trinken.

Lulu und Fanfu (streng). Du mußt.

Simplizius (fällt auf die Knie). O, meine lieben Kinderln, seid nur nicht bös', ich will ja alles tun aus Dankbarkeit. Ich sauf' wegen meiner das ganze rote Meer aus, und das schwarze auch dazu.

Lulu (reicht ihm eine Muschel voll Wasser). Trink, es scheint nur rot zu sein, es ist doch reiner als Kristall.

Simplizius. So gib nur her.

Fanfu. Er trinkt, nun wird er blutdurstig werden.

Simplizius (zittert mit der Muschel). Ich zittr' wie ein hundertjähriger Greis. (Trinkt.) Ah, das ist ein hitziges Getränk, wie ein Vanili Rosoglio. (Rollt die Augen.) Was geht denn mit mir vor? Potz Himmel tausend Schwerenot!

Lulu (zu Fanfu). Siehst du, es wirkt, er wird gleich eine andere
Sprache führen. (Beide nähern sich ihm sanft.) Was ist dir, lieber
Zitternadel?

Simplizius (wild). Still, nichts reden auf mich, Ihr

Bagatellen! Ich begreif' nicht, was das ist, ich krieg' einen Zorn wie ein kalekutischer Hahn, und weiß nicht wegen was. Wenn ich ihn nur an jemand auslassen könnt'. Bringt mir einen Stock, ich wichs' mich selbst herum.

(Die Genien lachen heimlich.)

Simplizius. Ja, was ist denn das? Ihr seid ja zwei gottlose Buben übereinander, ihr seid ja in die Haut nichts nutz, euch soll man ja haun, so oft man euch anschaut. Das seh' ich jetzt erst.

Die Genien (nahen sich bittend). Aber lieber Zitternadel!

Simplizius (reißt einen Baumast ab). Kommt mir nicht in meine Näh', oder ich massakrier' euch alle zwei.

Lulu. So hör' uns doch; du mußt nach Kallidalos fliegen, dort findest du den Dichter, deinen Freund.

Simplizius. Nu, der soll mir traun, den hau' ich in Jamben, daß die
Füß' herumkugeln. Jetzt macht fort und schafft mir ein kolerisches
Pferd, daß ich durch die Luft reiten kann!

Lulu. Ein kolerisches Pferd? das wirft dich ja herab.

Simplizius. So bringt's mir einen Auerstier, der wirft mich wieder hinauf.

Lulu. Nu, wie du willst. (Er winkt, ein geflügelter Auerstier erscheint in den Wolken.) Ist schon da.

Simplizius. Ha, da ist mein Araber. Jetzt wird galoppiert. Setzt euch hinauf, auf die zwei Hörndl.

Lulu. Ah, wir getrauen uns nicht. Reit nur voraus, wir

kommen dir schon nach. (Laufen ab.)

Simplizius. Ha, feige Brut! (Steigt auf). Da bin ich ein andrer Kerl. Jetzt kann mir 's Rindfleisch nicht ausgehn, ich bin versorgt.
 Hotto, Schimmel! Das versteht er nicht.—Bruaho! (Der Stier fliegt
ab.) Jetzt geht's los.

Vierte Szene.
Tiefere Felsengegend, in der Ferne Wald, auf der Seite eine Waldhütte. In der Mitte steht Phalarius mit einem goldenen Wurfspieß bewaffnet, vor ihm liegt ein Löwe und zittert.

Phalarius. Was zitterst du entnervt, verachtungswürd'ger Leu,
Und beugst den Nacken feig vor meiner Krone Glanz?
Mich ekelt Demut an, weil ich den Kampf nicht scheu',
Nie schände meine Stirn solch welker Siegeskranz.
Wofür hat Jupiter so reichlich dich begabt?
Wozu ward dir die Mähn', das Sinnbild hoher Kraft?
Der stolze Gliederbau, an dem das Aug' sich labt?
Das drohende Gebiß, vor dem Gewalt erschlafft?
Der Donner des Gebrülls, der Panzer deiner Haut?
Erhieltst du all die Macht, um mächt'ger zu erbeben?
Schäm' dich, Natur, die du ihm solchen Thron erbaut,
Da liegt dein Herrscher nun und zittert für sein Leben.
   (Heftiger)
Du hast mit Schlangen, Luchs und Panthertier gestritten;
So reg' dich doch und droh' auch mir mit mächt'ger Klau'.
Du edelmüt'ges Tier, so laß dich doch erbitten,
Verteid'ge dich, damit ich Widerstand erschau'.
Wie kann ein König noch zu einem andern sprechen.

Mach' mich nicht rasend, denk', du bist zum Streit geboren.
Doch nicht? Wohlan! So will ich euch, ihr Götter, rächen.
Er ehrt sein Dasein nicht, drum sei's für ihn verloren.
   (Er tötet ihn, stößt ins Horn, Jäger erscheinen und beugen sich
erschrocken.)
Bringt mir den Löwen fort, ich kann ihn nicht mehr sehen.
   (Der Löwe wird fortgebracht, er steht nachdenkend mit verschlungenen Armen.)
Wozu nützt mir Gewalt, wenn sie mich so erhebt?
Könnt' ich die Erde leicht gleich einer Spindel drehen,
Es wäre kein Triumph, weil sie nicht widerstrebt.
Aspasia tot, durch meiner Krone Dolch entseelt.
Abscheul'che Hölle, so erfüllst du mein Begehren?
Wer war noch glücklich je, dem Liebe hat gefehlt?
Die größte Lust ist Ruhm, doch Lieb' kann sie vermehren,
Doch meine Lieb' heißt Tod, wer mich umarmt, erblaßt.
Unsel'ges Diadem, daß du mein Aug' entzücktest,
Tief quälendes Geschenk, schon wirst du mir verhaßt,
Ich war noch glücklicher, als du mich nicht beglücktest!
Äol, der oft die Majestät der Eichen bricht,
Und so am Haupt des Walds zum Kronenräuber wird,
Sag'! warum sendest du die geile Windsbraut nicht,
Daß sie die Kron' als glühnden Bräutigam entführt?
   (Die Jäger kommen zurück, er setzt sich auf einen Fels.)
Ich wünschte mich mit etwas Traubensaft zu laben,
Der eigennütz'ge Leib will auch befriedigt sein.

Erster Jäger. Den kannst du, hoher Fürst, aus jener Hütte haben,
   (Klopft an)
He, Alter, komm heraus und bringe Wein.

Phalarius. Wer ist der Mann, der hier so tief im Walde wohnt?

Erster Jäger. Ein Feldherr war er einst, nun lebt er als ein Bauer.

Phalarius. Welche Erniedrigung, wer hat so schimpflich ihn belohnt?

Fünfte Szene. Vorige. Der alte Octavian fröhlich aus der Hütte, einen Becher Wein tragend.

Octavian. Komm schon, ein froh Gemüt ist immer auf der Lauer.
  (Erblickt die Krone und sinkt nieder.)
Ha, welch ein Blick umschlängelt feurig meine Augen?.
Es kracht mein Gebein und sinket in den Staub.

Phalarius. Laß sehen, ob dein Wein wird meinem Durste taugen.
  (Will trinken.)
Doch sag', warum verbirgst du dich so tief im Laub?

Octavian. Gewähr', daß ich den Blick von deiner Krone wende,
Wenn du willst Wahrheit hören, und sie dein Ohr erfreut.

Phalarius. Ich hasse den Betrug, steh auf und sprich behende.

Octavian (steht auf, doch ohne Phalarius anzusehen — fröhlich).
Mich freut der grüne Wald, beglückt die Einsamkeit,
Ich hab' sie selbst gewählt, lieb' sie wie einen Sohn.
Ich bin nicht unbeweibt, mein Herz schlägt lebenswarm,
Glüh' für mein Vaterland, sprech' seinen Feinden Hohn,
Und wenn es mein bedarf, weih' ich ihm Kopf und Arm,
Sonst bau' ich froh mein Feld, ein zweiter Cincinnat.

Phalarius. Ein kluger Lebensplan, wenn du bloß Landmann wärst,
Dann bau' nur deine Flur, so dienst du treu dem Staat.
Als Feldherr hoff' ich, daß zu herrschen du begehrst.

Octavian. Ich herrsche ja, wer sagt, daß ich nur Diener bin?
Weißt du denn nicht, daß jedes Ding der Welt ein Herrscher ist?
Die Götter herrschen im Olymp mit hohem Sinn,
Auf Erden Könige, so weit ihr Land nur mißt,
Der ganze Staat, wie es Gesetz und Fürst befiehlt,
Ein jeder dient und hat doch auch sein klein Gebiet.
Und so wird eines jeden Dieners Lust gestillt.
Der Sänger herrscht durch edlen Geist in seinem Lied,
Der Liebende in der Geliebten schwachem Herzen;
Der Vater wacht im Haus für seiner Kinder Heil;
Der Arzt beherrscht der Krankheit widerspenst'ge Schmerzen;
Der Fischer seinen Kahn, der Jäger seinen Pfeil;
Kurz, jeder hat ein Reich, wo seine Krone blitzt,
Der Sklave selbst an Algiers Strand, der ärmste Mann,
Der auf der Erde nichts als seine Qual besitzt,
Hat einen Thron, weil er sich selbst beherrschen kann.

Phalarius (der während der Rede mit Erstaunen gekämpft, schleudert
den Becher fort).
Genug, ich trinke nicht den wortvergällten Wein,
Nicht Labung reichst du mir, du tränkest mich mit Gift,
Du wärst vergnügt und herrschest nicht? Es kann nicht sein!

Octavian. Das bin ich, Herr, selbst dann, wenn mich dein Zorn auch trifft.

Phalarius. Unmöglich, widerruf, daß du dich glücklich fühlst,
Es gibt bei solcher Kraft nicht solchen Seelenfrieden,
Du weißt nicht, wie du tief mein Inneres durchwühlst.
O Götter, welche Pein erlebe ich hienieden,
Daß ich nicht froh sein kann und Frohsinn schauen muß.
Gesteh, du bist kein Held, warst nie auf Ruhm gebettet,
Du warst nie Feldherr, nein, regiertest stets den Pflug.

Octavian. Ein Knabe warst du kaum, als ich das Reich errettet.
Ich bin Octavian.

Phalarius. Der einst die Perser schlug?

Octavian. So ist's.

Phalarius (entsetzt, wie aus einem Traum erwachend, aufschreiend).
          Aus meinem Land, verhaßtes Meteor!
Daß meines Ruhmes Licht vor deinem nicht erlischt.
Du kömmst mir wie ein list'ger Rachedämon vor,
Der aus der Rose Schoß als gift'ge Schlange zischt.
Entfleuch, du bist verbannt, gehörst dem Land nicht an.
Dein Glück ist Heuchelei, es kann sich nicht bewähren,
Hinweg aus meinem Reich mit solch verrücktem Wahn,
Du darfst nicht glücklich sein, sonst müßt' ich dich verehren.

(Ab, die Jäger folgen scheu.)

Sechste Szene.

Octavian (allein).
Da geht er hin, unglücklicher als der, den er verjagt.

Du bist verbannt, wie leicht sich doch die Worte sprechen;
So fröhlich erst, und nun so bitter zu beklagen,
Doch nein, ich bin ein Mann, du sollst mein Herz nicht brechen.

(In die Hütte ab.)

Siebente Szene. Romantische Gegend auf Kallidalos. Auf der einen Seite Häuser, auf der anderen Wald. Lucina und Ewald, die Krone auf dem Haupte, treten auf.

Lucina. Du bist hier aus der kallidal'schen Insel, erhole dich von deinem Schreck.

Ewald. Vergib, daß meine Nerven ängstlich zucken, noch ist die Greuelszene nicht aus meinem Hirn entwichen, und nimmer möcht' ich solchen Anblick mehr erleben.

Lucina. Hier wirst du leichteren Kampf bestehn, mein armer König ohne Reich. Nun horch' auf mich: Auf dieser Insel herrscht die feine Sitte, daß sich der König und die Edelsten des Volkes am ersten Frühlingstag im Tempel dort versammeln; von allen Mädchen dieses Reichs, die zart geputzt dem königlichen Aug' sich zeigen, ernennet er die Schönste als des Festes Herrscherin und schmückt das wunderholde Haupt mit einer Rosenkrone. Dann wählet er aus rüst'ger Jünglingsschar den Tapfersten, der sich nicht weigern darf, und schenkt ihm ihre Hand, nachdem er ihn zuvor zu einem Amt erhebt. Das Brautpaar wird sogleich an Cyprias Altar vermählt; so endet sich das Fest und dieses Tages Jubel. Du sorgst, daß dieser Preis auf einem Haupte ruht, das sechzig Jahre schon des Lebens Müh' getragen. Doch dürfen es nicht Rosen zieren, ein Myrtendiadem muß auf der Stirne prangen, durch Weiber aufgedrückt, die neidisch nach der Krone blicken, nach der sie selbst vergebens ringen. Wodurch du dies bezweckst, wirst du wohl leicht erraten, die deine leg' nun ab, ich will sie selbst verwahren. (Ewald kniet sich nieder, zwei Genien erscheinen aus der Versenkung, sie nimmt ihm die Krone ab.) Sie ziemt nicht deiner Stirn. (Gibt die Krone den Genien.) Bewahrt sie wohl, beherrscht sie auch kein Reich, wird sie doch viele Reiche retten. (Die Genien versinken damit.) Hast du nun einen Wunsch, so sprich ihn aus!

Ewald. Ob mein Begleiter lebt, dies wünsch' ich wohl zu wissen, auch seiner Sendung Zweck ist mir ein Rätsel noch.

Lucina. Er lebt. Wozu ich ihn bestimmt, wird sich noch heut enthüllen, bald siehst du ihn, doch magst du nicht ob der Veränderung staunen, die sein Gemüt erlitten hat, sie währet nur so lang bis so viel Blut durch seine Hand entströmt, als Wasser er aus meinem Zaubersee getrunken.

Ewald. Wie, einen Mörder werde ich in ihm erblicken?

Lucina. Sei ruhig nur, ich lenke seinen Arm, befolge du nur mein
Geheiß und fordre dann den Lohn. Für alles andre laß die hohen
Götter sorgen, die oft durch weise Wahl gemeine Mittel adeln, daß
sie zu hohen Zwecken dienen. (Ab.)

Achte Szene.

Ewald (allein). Dies scheinen mir die letzten Häuser einer großen
Stadt zu sein. Ich will an eine dieser Pforten pochen,

vielleicht
erscheint ein alters Weib, deren Geschwätzigkeit mir schnellen
Aufschluß gibt, und das ich gleich zu meinem Plan verwenden kann.
(Er klopft an die Tür des ersten Hauses.)

Atritia (sieht zum Fenster heraus). Wer pocht so ungestüm? Weißt du noch nicht, daß dieses Tor sich keinem Manne öffnet.

Ewald (für sich). Himmel, welch ein liebenswürdiger Mädchenkopf.

Atritia. Dein Staunen ist umsonst.

Ewald (für sich). Sanftmut lauscht in ihrem Auge—

Atritia. Täusche dich nicht.

Ewald (für sich). Und zeigt den Weg zu ihrem Herzen.

Atritia. Es ist zu fest verschlossen.

Ewald (für sich). Ich muß mein Glück benützen.

Atritia. Du kommst mir nicht herein, das sag' ich dir.

Ewald. Schönes Mädchen, eröffne doch die Pforte, ich will so leise über ihre Schwelle gleiten, als schlich' ein Seufzer über deine süßen Lippen.

Atritia. Er ist ein feiner Mann und hat mich süß genannt, nun kann ich ihm denn doch nichts Bittres sagen. Gern ließ' ich dich herein, doch darf ich nicht.

Ewald. Wer hat es dir verboten?

Atritia. Meine Muhme, sie sagt; du lassest keinen Mann mir über diese Schwelle treten. Es ist ein hart Gebot, doch muß ich es befolgen, sonst würd' ich gern in deiner Nähe sein, denn du gefällst mir wohl.

Ewald. Nun gut, so komm zu mir heraus. Hat sie dir denn gesagt, du darfst zu keinem Manne über diese Schwelle treten?

Atritia (unschuldig). Das hat sie nicht gesagt. Jetzt bin ich schon zufrieden und komm zu dir hinaus.

Neunte Szene.
Ewald und Atritia.

Ewald. Noch nie hat mich der Anblick eines Mädchens so entzückt.

Atritia (hüpft heraus). Also hier bin ich, was hast du zu fragen?

Ewald. Ob du mich liebst?

Atritia. Wie kann ich dich denn lieben, ich weiß ja noch nicht, ob du liebenswürdig bist.

Ewald. Ja, wenn ich dir das erst erklären soll, dann hast du mir die Antwort schon gegeben.

Atritia. Bist du vor allem treu? Bekleidest du ein Amt? Bist du vielleicht ein Held? So geh hinaus und kämpfe mit dem Eber, und hast du ihn erlegt, so kehr' zurück und wirb um meine Hand.

Ewald. Ein Eber ist hier zu bekämpfen?

Atritia. Ein mächtig großer noch dazu. So groß fast wie ein Haus, so hat mir meine Angst ihn wenigstens gemalt.

Ewald. Hast du ihn schon gesehn?

Atritia. Ei freilich wohl, er nähert sich der Stadt, verwüstet alle
Fluren und hat ein Mädchen erst zerrissen, das heute als die Schönste wär' gewiß erwählt worden.

Ewald. Ist heut dieses Fest?

Atritia. Ja, heute soll es sein, der Tempel ist schon reich geschmückt, und alle Mädchen dort versammelt, doch als der König eben sich dahin begeben wollte, im feierlichen Zug der Krieger, da kam die Nachricht schnell, daß sich der Eber zeigt und auf den Feldern wütet. Da ließ der König alles, was nur Waffen trug, zum blut'gen Kampfe gegen den Eber ziehn. Drum findest du die Straßen leer.

Ewald. Dann ist die höchste Zeit, daß ich zu Werke schreite. Ich bin ein Mann von Ehre und deiner Liebe wert, doch sag' mir, holdes Kind, wo find' ich wohl ein altes Weib mit sechzig Jahren, das noch so eitel ist, daß sie für schön sich hält?

Atritia. Wo finde ich sie nicht, so solltest du mich fragen, die gibt's wohl überall, das hab' ich oft gelesen. Obwohl die Frage nicht sehr artig ist, so wirst du gar nicht lange suchen dürfen, wenn du noch eine Weile mit mir sprichst, denn meine Muhme wird bald nach Hause kommen und dich von ihrer Tür verjagen.

Ewald. Ist sie so böse?

Atritia. Leider ja. Als meine Mutter starb, ward ich ihr übergeben und vieles Geld dazu. Sie mußte mich erziehen, das tat sie auch, doch von dem Gold, was ihr die Mutter hat für mich zum Heiratsgut vertraut, da will sie gar nichts wissen. Sie schlägt mich auch, wenn sie oft Langeweile hat, erst gestern noch, weil ich mich zu dem Feste schmücken wollte, das gab sie denn nicht zu, sie sagt, mich braucht kein Mann zu sehen. Das hat mich sehr geschmerzt, ich wünsche mir doch einen Mann, und wie soll mich denn einer frein, wenn mich nie einer sieht?

Ewald. Da sprichst du wahr, doch einer hat dich ja gesehn.

Atritia. Und das bist du. Doch wann wirst du mich wiedersehn?

Ewald. Ist es dein Wunsch?

Atritia. Ei frag' doch nicht, glaubst du, ich wär' zu dir herabgekommen, wenn du mir nicht gefallen hättest, du stündst noch lange vor der verschloßnen Tür, wenn du durch deinen Blick mein Herz nicht früher aufgeschlossen hättest. Doch jetzt leb' wohl und denk' darum nicht arg von mir, weil ich dir sag', daß ich dich liebenswürdig finde. Dafür werd' ich's auch keinem andern sagen mehr, und hab' es keinem noch gesagt.

Ewald. Bezauberndes Geschöpf, willst du mich schon verlassen?

Atritia. Ich muß, such' deine Alte nur, hörst du, und hast du sie gefunden (droht schalkhaft mit dem Finger), vergiß nicht auf die Junge! (Läuft ins Haus.)

Zehnte Szene.
Ewald allein, dann Simplizius.

Ewald. Da läuft sie hin; Lucina, wenn ich Lohn von dir begehr', so ist es dieses Mädchens reizender Besitz.

Simplizius (ruft in der Luft). Bruaho!

Ewald. Wer galoppiert da durch die Luft? Das ist Simplizius auf einem Stier!

Simplizius (sinkt nieder). Halt' Er an! (Steigt ab.) So, da sind wir alle zwei. Nur wieder nach Hause ins Bureau! (Der Stier fliegt fort, Simplizius ruft nach.) Meine Empfehlung an die andern.

Ewald. Simplizius, wo nehmen Sie den Mut her, sich so durch die
Lust zu wagen?

Simplizius. Geht Ihnen das was an? Haben Sie sich darum zu bekümmern? Kann ich nicht reiten, auf was ich will? Glauben Sie, weil Sie vielleicht auf einer flanellenen Schlafhauben herübergeritten sind, so soll ich meine Herkulesnatur verleugnen? Ah, da hat es Zeit bei den Preußen!

Ewald. Aber mit welchem Rechte?

Simplizius. Was, mit mir reden Sie von einem Recht, da kommen Sie an den Unrechten. Recht? Wollen Sie vielleicht einen Prozeß anfangen? Glauben Sie, ich bin ein Rechtsgelehrter, der sich links hinüber drehen läßt? Da irren Sie sich!

Ewald. Welch ein Betragen!

Simplizius. Was Betragen, wer wird sich gegen Sie betragen? Ich betrag' mich gar nicht, um keinen Preis.

Ewald (verächtlich). Gemeiner Wicht.

Simplizius. Keine Beleidigung, junger Mensch, wenn ich nicht vergessen soll, wer ich bin.

Ewald (lacht heftig). Das ist zum Totschießen.

Simplizius. Vom Totschießen reden Sie? Wollen Sie sich duellieren mit mir auf congrevische Raketen, oder sind Ihnen die vielleicht zu klein, so nehmen wir ein jeder ein Haus und werfen wir's einer dem andern zum Kopf, damit die Sach' ein Gewicht hat. Wollen Sie?

Ewald. Beim Himmel, wenn mich Lucina nicht gewarnt hätte, ich müßte ihn züchtigen.

Simplizius. Züchtigen? Ha, beim—wie heißt der Kerl?—Ha, beim Zeus, jetzt gibt's Prügel. (bricht mit dem Fuß einen Baumast entzwei und gibt ihm die Hälfte.) Nehmen Sie einen, die andern kommen nach.

Ewald. Was wollen Sie?

Simplizius. Satisfaktion will ich, Reimschmied! (Packt ihn an der
Brust.)

Ewald. Welch eine Kraft! Lassen Sie mich los, Sie wütender Mensch.
(Entspringt.)

Elfte Szene.

Simplizius (allein). Wart', du kommst mir schon unter die Händ'. Es ist erschrecklich, ich kann mir nicht helfen, wie ich nur einen Menschen seh', so möcht ich ihn schon in der

Mitt' voneinander reißen. Wenn ich nur einen Degen hätt' oder ein Stiffilett, oder wenn ich wo unter der Hand billige Kanonen zu kaufen bekäm', ich erschießet die ganze Stadt und die Vorstädt' auch dazu. Da kommen einige, die sollen sich freun.

Zwölfte Szene.
Simplizius. Olinar und Astrachan.

Olinar (ein fetter Mann). Wer lärmt denn hier so auf der Straße?
Das ist ja ein ganz fremder Mensch.

Simplizius. Die Flachsen zieht's mir ordentlich z'sammen, wenn einer redt auf mich.

Olinar. Der sieht ja wie ein Straßenräuber aus, der Kerl hat nichts
Gutes im Sinn.

Simplizius. Ich muß mich noch zurückhalten, bis ich Waffen hab'.
Ich werd' mir's erst sondiern.

Astrachan (rauh). Was tobst du an diesem feierlichen Tag? Pack' dich von hier, du kecker Bursche.

Simplizius (lauernd). Wie reden Sie mit mir? Ich frag' Sie nicht umsonst.

Astrachan. Das brauchst du nicht, weil ich die Antwort dir nicht schuldig bleiben und sie auf deinen Rücken legen werde.

Simplizius (erstaunt). So, nur gleich? (Für sich.) Ist schon gut unterdessen. Der wird schon um'bracht, das ist der erste, den ich expedier'. Ich muß mir nur einen Knopf ins Schnupftuch machen, damit ich's nicht vergess'. (Tut es.)

Astrachan. Hast du's gehört, du sollst die Straße reinigen. Mach' dich fort.

Simplizius. Ich soll die Straße hier reinigen? Er muß mich für einen Gassenkehrer halten. Das hat mir niemand zu befehlen, ich bleib' hier. (Setzt sich auf einen Stein.) Und wer nur einen Laut von sich gibt—

Astrachan (will auf ihn zu). Was?

Olinar (hält ihn furchtsam zurück). Behutsam, Freund, er hat ja einen Prügel in der Hand.

Astrachan. Was kümmert's mich, du wirst dich doch nicht fürchten?

Olinar. Ei bewahre.

Astrachan. Schäme dich als eine Gerichtsperson. Gleich geh hin und beweise deinen Mut.

Olinar (zittert). Wer? Wer, ich? Ja, was soll ich denn tun?

Astrachan. Ihn von hinnen jagen.

Olinar. Ja, wenn er sich nur jagen läßt, aber du wirst sehn—

Astrachan. Red' ihn scharf an.

Olinar. Hochzuverehrender Freund!

Simplizius (springt zornig auf). Was gibt's?

Olinar (erschrickt heftig). Da hast du's jetzt, ich hab's ja gleich gesagt.

Simplizius. Was will der Herr?

Astrachan (der Olinar hält). Mut, Mut, ich helfe dir schon.

Olinar. Ja, laß mich nur nicht stecken. (Nimmt sich zusammen, laut.)
Er ungezogner Mensch!

Astrachan. Nur zu, so ist's schon recht.

Olinar. Wenn Er's noch einmal wagt, in einem solchen Tone zu sprechen —

Astrachan (freudig). Vortrefflich! Siehst du, wie er zittert?

Olinar. Du irrst dich, Freund, das bin ja ich. (Zu Simplizius.) So werd' ich Ihm — (Zu Astrachan.) Ja, was werd' ich geschwind?

Astrachan (heimlich). Die Kehle schnüren, daß Er an mich denken soll.

Olinar. Die Kehle schnüren, daß Er an mich denken soll! (Wischt sich den Schweiß ab.) Ha, das war viel gewagt.

Simplizius. Die Kehle schnüren? Das ist ein Schnürmacher. Nu, den können wir auch mitnehmen. (Macht einen Knopf.) Detto! (Macht die Bewegung des Erdolchens.)

Astrachan. Du hast dich gut gehalten, jetzt laß mich reden. Hör',
Kerl, wenn du jetzt nicht augenblicklich gehst und dich in unserer
Stadt noch einmal blicken lassest, so wirst du sehen, was unsere
Gerechtigkeit an einem solchen Lumpenhund für ein Exempel statuiert.

Simplizius. Ah, das ist ein hantiger. Der muß viermal nacheinander sterben.

Astrachan. Ha, gut, dort kommen Abukar und Nimelot.

Olinar. Das sind zwei verwegene Bursche.

Simplizius. Verwegene Bursche? Da mach' ich gleich im voraus Knöpf.
(Macht sie.)

Dreizehnte Szene.
Vorige. Abukar und Nimelot, bewaffnet.

Abukar. Was hast du, Astrachan? Du lärmst ja ganz entsetzlich.

Astrachan. Wir haben unsern Spaß mit diesem Burschen da, das ist der dreisteste Kerl, den ich noch gesehen habe.

Olinar (keck). Ja, ja, das ist ein abgefeimter Schurke. (Für sich.)
Jetzt sind wir unser vier, jetzt soll er mir nur trauen.

Simplizius. Ich hör' ihnen nur so zu, auf einmal geh' ich los.

Abukar und Nimelot (stellen sich neben Simplizius und klopfen ihn auf die Schulter und lachen.)

Abukar. Hahaha, der sieht ja wie ein Orang-Utan aus.

Nimelot (lachend). Die aufgeschlitzte Nase und der breite Mund!

Simplizius. Bravo, nur zu, sind schon vorgemerkt. (Deutet auf sein

Tuch.) Werden schon Exekution halten, bleibt nicht aus.

(Alle lachen.)

Abukar. Seht ihn nur an, das ist ja die einfältigste Miene, die mir noch vorgekommen ist.

Simplizius. Ah, jetzt muß ich doch Rebell schlagen. (Laut.) Was glauben denn Sie so? Glauben Sie, ich bin Ihr Narr, daß Sie sich über meine Physiognomie lustig machen. Was fehlt denn meinem Gesicht? Die Häßlichkeit vielleicht? Die ist nirgends mehr zu finden, weil Sie s' alle auf den Ihrigen haben.

Alle (lachen). Ein drolliger Kerl!

Simplizius. Nu, da haben wir's, nicht einmal ordentlich lachen können s' mit dem G'sicht, da lach' ich mit dem linken Ellbogen besser, als die mit dem Maul. Sagen Sie mir, wer hat Ihnen denn die Beleidigung angetan, Ihnen eine solche Physiognomie aufz'binden? Die Natur vielleicht? Die setz' ich ab, wenn sie mir noch einmal solche G'sichter macht, das sind Keckheiten von ihr, ich brauch' sie nicht, wenn sie so schleuderisch arbeitet. Was brauchen wir eine Natur, die Welt ist lang genug unnatürlich g'wesen, sie kann's noch sein.

Abukar. Der Bursche muß Hofnarr werden, der macht mich schrecklich lachen.

Simplizius. Hofnarr? Das ist eine Beleidigung! Satisfaktion!

Olinar. Er hat Mut wie ein Löwe.

Simplizius. Löwe? Das ist gar eine viechische Beleidigung. Doppelte
Satisfaktion!

Astrachan. Der Kerl ist über einen Spartaner.

Simplizius. Spartaner? Das wird wieder ein andres Vieh sein. Ich kenn' mich gar nicht mehr vor Zorn. Heraus, wer Mut hat, einen muß ich spießen. (Faßt Olinar.) Was ist's mit Ihnen, wollen Sie sich mit mir schlagen oder wollen Sie sich schlagen lassen?

Olinar. Hilfe! Hilfe!

Abukar (packt Simplizius am Genick und beutelt ihn). Nun hast du
Zeit, Bube.

Astrachan. Ins Gefängnis, fort mit ihm.

Simplizius (reißt dem Olinar den Säbel aus der Scheide). Jetzt reißt mir die Geduld. (Haut auf Abukar ein, der ihm die Lanze entgegen hält, welche er ihm aus der Hand schlägt.) Ihr verdammten Kallidalier! Jetzt wird's Leben wohlfeil werden. (Er kämpft mit allen und jagt sie in die Flucht, einige verlieren ihre Waffen, einer den Helm.)

Olinar (im Ablaufen). Ich hab's voraus gesagt, ihr Götter, seid uns gnädig.

Vierzehnte Szene. Simplizius (allein). Ha, Pompei ist erobert, Sieg über die Kalmuken! Da gibt's Waffen. (Er setzt sich den Helm auf.) Her da mit dem Helm! (Nimmt das Schwert, steckt es in die Binde und hebt den Spieß auf.) Das ganze Zeughaus häng' ich um. So, jetzt ist der Stefan Fädinger fertig. Rache, Rache! Alles muß bluten. Einen Haß hab' ich, ich glaub', es dürft' mich einer spießen, mir war's nicht möglich, ihn zu küssen. Die ganze Welt ist mir zuwider.

Lied.
Wenn s' mir die Welt zu kaufen geb'n,
Ich weiß nicht, ob ich's nimm;
Da könnt man ein' Verdruß erleb'n,
Es würd' ein' völlig schlimm.
Und ließ' man's wieder lizitier'n,
Was könnt' man da viel profitier'n?
Vors erste ist s' ein alt's Gebäu',
Wer weiß, wie lang s' noch steht,
Das sieht man an Massana glei',
Daß s' sicher untergeht.
Und fällt ein' so a Welt ins Meer,
Wo nimmt man g'schwind a andre her?

Die Völker steh'n mir auch nicht an,
D' Kalmuken, d' Hugenotten,
Und wen ich gar nicht leiden kann,
Das sind die Hottentotten.
Da möcht' ich grad' vor Wut vergeh'n,
Und ich hab' nicht einmal ein' g'seh'n.

Auch ist's ein Elend mit den Tier'n,
A' bloße Fopperei,
Was kriechen s' denn auf allen vier'n,
Ich geh' ja auch auf zwei.
Die meisten können uns nur quäl'n,
Am liebsten sind mir die Sardell'n.

Die Sonn', die ist schon lang mein Tod
Mit ihrer öden Pracht,
Der Mondschein macht sich's gar kommod,
Der scheint nur bei der Nacht;
Und dann die miserablen Stern',
Die weiß man gar nicht, zu was s' g'hör'n.

Kurzum, ich hass' die ganze Welt,

Im Sommer wie im Winter,
Mir liegt sogar nichts an dem Geld,
Es ist nicht viel dahinter.
Ein einz'gen Menschen nur allein,
  (Deutet auf sich.)
Wüßt' ich—dem ich noch gut könnt' sein.
  (Ab.)

Fünfzehnte Szene.
Ewald und Aloe.

Aloe (muß von einer jugendlichen Schauspielerin dargestellt werden mit grauen Haaren; sie hat den Kopf in ein Tuch gewickelt, wie eine griechische Matrone, und geht etwas gebückt.) Nein, nein, mein lieber schmucker Herr, das geht nicht so geschwinde, das Mädchen ist zu jung, sie braucht noch keinen Freier. Ach, du keusche Göttin Diana, kaum bin ich eine Stunde aus dem Hause, um die tapferen Männer zu bewundern, so fängt das Mädchen Liebeshändel an. Wo habt Ihr denn das ungeratene Kind gesprochen?

Ewald. Am Fenster sprach ich sie.

Aloe. Seht doch, und glaubt Ihr denn, man heiratet bei uns die
Mädchen gleich vom Fenster nur herunter, wie man Zitronen pflückt?
Laßt Euch den Wunsch vergehen. Ich sehe fünfzig Jahre schon zum
Fenster heraus und hab' mir keinen Mann erschaut, so lange kann sie
auch noch warten. Ich kenn' Euch nicht einmal, wer seid Ihr denn?

Ewald. Ein Fremdling bin ich.

Aloe. Ei, das seh' ich, denn unsere Männer kenn' ich alle. Doch was besitzt Ihr in der Fremde?

Ewald. Ein Gut, das mir kein Unfall rauben kann, ein treu Gemüt und kräftigen Verstand.

Aloe. Wer sagt Euch, daß Verstand ein sichres Erbteil sei, wie könnt' es denn so viele Narren geben?

Ewald. Und eine Kunst, die alle Künste übertrifft.

Aloe. Vielleicht die Kunst, mich hinters Licht zu führen?

Ewald. Im Gegenteil, ich möchte Eure Schönheit gern im höchsten
Glanz erscheinen lassen.

Aloe. Ich hör's nicht gern, wenn man von meinen Reizen spricht, es
ist mir nicht mehr neu; Gewohnheit tötet unsre schönsten Freuden.
Doch weiter nun, ach, mein Gedächtnis ist so schwach,

wovon habt
Ihr zuletzt gesprochen?

Ewald. Von Eurer Schönheit war die Rede, ja.

Aloe. Ja, ja, das war's, was ich nicht hören mochte. Ihr wolltet sie erhöhn?

Ewald. Zum Venusrang, wenn Ihr mir Eurer Nichte Hand gelobt.

Aloe. Was fällt Euch ein, Atritia ist ein unbemittelt Kind, um keinen Preis!

Ewald. Auch nicht um den, den heut im Tempel dort der König reicht?

Aloe (erschrocken). Seid Ihr von Sinnen? Bin ich erschrocken doch, als hätt' mich Amors Pfeil getroffen. Ich bin schon eine ausgeblühte Rose, die nicht im Frühlingsschein mehr glänzt.

Ewald. Ich will durch meine Kunst Euch diesen Glanz verleihn. Vor allen Töchtern dieses Reichs sollt Ihr den Schönheitspreis erringen, doch Eure Nichte ist dann mein, ich führ' sie mit mir fort.

Aloe. Ihr könntet das, ein Sterblicher, bewirken, wofür ich mich dem Cerberus schon verschrieben hätte, wenn er's vermögen könnte?

Ewald. Ich geb' Euch darauf mein Wort, und brech' ich es, braucht
Ihr das Eure nicht zu halten.

Aloe. Macht mich nicht wahnsinnig. Ihr wolltet Aloe verjüngen?

Ewald. Warum denn nicht? Wenn Aloe, die Pflanze, mit hundert Jahren neue Blumen treibt, warum soll Aloe, das Weib, mit sechzig nicht erblühn?

Aloe. Mit sechzig, ja, da habt Ihr recht, das ist die wahre Blütenzeit. Mir ist, als blüht' ich schon — fang' schon an zu duften.
O Himmel, welch ein Glück, ich fühle mich schon jung, mich hindern
bloß die Jahre.

Ewald. So mäßigt Euch, es ist ja noch nicht Zeit. Erwartet mich im
Haus, ich muß mich erst dem König zeigen. Geht nur hinein und sagt
Atritien, daß sie mein Weib soll werden.

Aloe. Ja, ja, Ihr sollt Atritien haben, ich schenke sie Euch. Ach, wenn ich eine Herde solcher Mädchen hätte, Ihr könntet alle sie nach Eurem Lande treiben. Nur fort damit, nur fort, die Schönste bleibt zurück. Die Schönste — eine Welt von Wonne liegt in diesem Namen. Und bin die Schönste ich, wird mir der schönste Mann. Der schönste Mann! Ach, wie viel Welten kommen da zusammen! — (Gegen das Haus.) Atritia, Atritia, wir kriegen beide Männer! O Götter, steht mir bei, das kostet den Verstand. (Eilt freudig ab.)

Sechzehnte Szene.

Ewald (allein).
Wie fühlt ein Jüngling doppelt holder Liebe Wert,
Wenn er das Alter den Verlust betrauern hört.

Geschrei (von innen). Der Eber ist erlegt. Es leb' der große Held!

Ewald. Der Eber ist erlegt, des Landes borst'ge Plage. Da kömmt
Simplizius, und voll Angst. Ist seine Wut verdampft?

Siebzehnte Szene.
Voriger. Simplizius.

Simplizius. Sind Sie da?

Ewald. Was bringen Sie, Simplizius?

Simplizius. Stellen Sie sich vor, ich hab' den Eber umgebracht.

Ewald. Sie? Nicht möglich.

Simplizius. Nun, sie sagen's alle.

Ewald. Alle? Wer?

Simplizius. Die Völkerschaften, die mir zugeschaut haben.

Ewald. Das ist ja ein ungeheures Schwein.

Simplizius. Versteht sich, ein größres als wir alle zwei.

Ewald. Das haben Sie nicht allein erlegt, da muß Ihnen wer geholfen haben.

Simplizius. Jetzt ist's recht, wenn einem einmal was g'rat, so sagen Sie, es muß einem einer g'holfen haben. Er hat ja nur einen Stich, das kann man ja doch gleich sehen.

Ewald. Wie ging es aber zu?

Simplizius. Ganz kurz, denn wer wird sich mit einem Eber in ein'n langen Diskurs einlassen? Sie wissen, daß heut große Jagd auf ihn veranstaltet war. Alles war versammelt drauß' beim grünen Baum, da kommt der Eber alle Tag' zum Frühstück hin. Alle Krieger waren voll Feuer, und in mir hat's gar schon gekocht. Aus einmal wird einer totenblaß und ruft: Der Eber kommt, jetzt rauft, rauft! Aber das Wort rauft muß in der hiesigen Sprach' eine andre Bedeutung haben und muß heißen lauft; denn kaum war das Wort heraus, so sind schon alle davong'loffn. Kaum waren s' fort, wer kommt? Der Eber. Ich erseh' ihn kaum, so faßt mich eine Wut, ich stürz' mich auf ihn los und stich ihn auf der unrechten Seiten hinein und auf der rechten wieder heraus.

Ewald. Unerhört, und wie er fiel, was dann?

Simplizius. Dann bin ich auch davong'loffn. Was weiter g'schehn ist, weiß ich nicht, vermutlich haben sie eine Schwein aufgehoben.

Ewald. Also nach der Tat haben Sie den Mut verloren?

Simplizius. Versteht sich, das ist ja eben das Großartige; vorher ist's keine Kunst. Kaum ist der Eber in seinem Blut dagelegen, ist er mir noch zwanzigmal größer vorg'kommen als vorher, so daß ich zu zittern ang'fangt hab', und hab' ihn nicht ansehn können mehr. Alles hat zwar g'schrien; Halt, verweil', du großer Held! Aber ich hab' mir gedacht, schreit ihr zu, solang ihr wollt, ich bin nicht der erste Held, der davon g'loffn ist, und werd' auch nicht der letzte sein — und bin fort.

Geschrei (von innen). Heil dem größten aller Helden!

Simplizius. Hören S', sie schrein schon wieder. Gibt kein'

Ruh', das Volk.

Ewald. Simplizius, Sie werden reichen Lohn erhalten.

Simplizius. Glauben S', daß was herausschaut? Ich werd' ihnen schon einen rechten Konto machen, was ich an Eberarbeit g'liefert hab'. Oder sie sollen mich nach dem Pfund bezahlen. Ich lass' ihn beim Wildbrethändler wägen, was er wägt, das wägt er. Punktum! (Aloe zeigt sich am Fenster.) Doch sagen Sie mir, wann werden wir denn einmal das Reich erretten, wenn immer etwas dazwischen kommt? Bald ein Erdbeben, bald ein Eber.

Ewald. Dafür lassen Sie die Götter sorgen, wir gehorchen nur. Sehen
Sie doch nach jenem Fenster.

Simplizius. Ah, da schau' ich nicht hinauf.

Ewald. Warum denn nicht?

Simplizius. Weil eine Alte herausschaut.

Ewald. Freund, das ist mein Ideal, die muß mir heut noch als die größte Schönheit glänzen.

Simplizius. Die da? Nun, da dürfen S' schön politier'n, bis die zum glanzen anfangt.

Ewald. Das wird der Zauberschein der Fackel tun. Der König muß den Preis ihr reichen; drum stellen Sie als Ihren Freund mich bei ihm vor, damit er mir Gehör verstattet. Sehen Sie nur, dort nahen sich die Krieger im feierlichen Marsch, man suchet Sie.

Simplizius. Ah, sie sollen marschier'n, wohin sie wollen, ich brauch' sie nicht.

Achtzehnte Szene.
Vorige. Dardonius. Höflinge. Dazu Nimelot. Abukar. Astrachan.
Olinar.

Chor (der Krieger, welche aus die Bühne ziehen).

Dank dem Helden, den die Götter
Mit des Löwen Mut gestählt.
Und den zu des Landes Retter,
Gnädig waltend sie erwählt.

(Sie bilden einen Kreis.)

Dardonius (in freudiger Begeisterung). Wo, sagt, wo ist meines
Landes wunderbarer Retter?

Ein Höfling. Hier ist der edle Jüngling, hoher Fürst.

Simplizius (für sich). Meint der mich?

Olinar. Hat der den Eber erlegt?

Abukar. Wer hatte das gedacht?

Dardonius. Laß dich umarmen, Fremdling. (umarmt ihn.) Nimm des
Königs Dank.

Simplizius. Ich bitt' recht sehr, machen Sie kein solches Aufsehn, es ist ja gar nicht der Müh' wert, wegen der Kleinigkeit da, wegen dem bissel Eber.

Dardonius. Also du hast dieses Ungetüm erlegt?

Simplizius. So schmeichl' ich mir.

Krieger. Wir waren alle Zeugen.

Dardonius. Heldenmütiger Mann, sieh hier des Dankes Tränen in den
Augen meines Volkes.

(Die Höflinge weinen.)

Simplizius. Jetzt weinen die gar wegen einem Schwein, das ist mir unbegreiflich.

Dardonius. Götter, wie können in so schwach gebautem Körper solche
Riesenkräfte wohnen?

Simplizius. Ja, das ist eben das Hasardspiel der Natur, daß ein
Elefant in einer Nuß logiert.

Dardonius. Sprich, wie kann ich dich belohnen?

Simplizius. Ja, ich müßt' da erst einen Überschlag machen, das dauert zu lang', ich überlass' das Ganze der Indiskretion Euer Majestät, wir werden kein' Richter brauchen.

Dardonius (für sich). Dieses Mannes Ausdrücke versteh' ich nicht. (Laut.) Ihr Krieger, deren oft bewiesner Mut der Heldenstärke dieses Jünglings weichen muß, sagt selbst, verdient die Tat, daß sie ein Lorbeer lohnt?

Alle. Ja, sie verdient es.

Simplizius. Sapperment, ein'n Lorbeer geben s' mir gar dafür, da wär' mir schon eine Halbe Heuriger lieber.

Dardonius. Wohlan, so schmücket ihn damit.

(Die Krieger brechen einen Lorbeerzweig von den Bäumen

und winden einen Kranz.)

Simplizius. Sie, Freund—(zu Ewald) soll ich denn das Gestrauchwerk annehmen? Das ist ja nicht zwei Groschen wert.

Ewald. Was für ein Gesträuch?

Simplizius. Ein' Lorbeer wollen s' mir geben, da wär' mir ein Spenat noch lieber. Mir scheint, sie wollen mich prellen, was?

Ewald. Was fällt Ihnen denn ein, ein Lorbeer ist die höchste Auszeichnung, nach der die größten Männer aller Zeiten je gerungen haben.

Simplizius. Nach dem Lorbeer? Nun der muß schön herunter kommen sein, jetzt nehmen sie ihn schon gar zum Lungenbratl.

Ewald. Lassen Sie sich doch belehren. Sie rauben ja der Menschheit ihren Adel.

Simplizius. Ist denn die Menschheit von Adel, das hab' ich auch nicht gewußt.

Ewald. O Vernunft, wie erhöht der Umgang mit den Tieren deinen Wert.

Dardonius. Habt ihr ihn bereitet?

Erster Höfling. Hier ist er. (Bringt den Kranz mit roten Beeren auf einem Schild.)

Simplizius. So ist's recht, nicht einmal in einer Sauce.

Dardonius. Nun beug' dein Knie, ich selber will dich

krönen.

Simplizius (kniet). Das sind Umständ'.

Olinar. Ein unbarmherz'ges Glück.

Dardonius. In meinem und des ganzen Reiches Namen umwind' ich deine
Heldenstirn' mit diesem Ehrenkranz.

Simplizius. Da bin ich versorgt auf mein Lebtag, wenigstens gehn mir die Fliegen nicht zu.

Dardonius. Wie heißest du?

Simplizius. Simplizius.

Dardonius. Das ganze Heer lobpreise diesen Namen.

Alle Krieger. Hoch leb' Simplizius, der Retter unsres Landes!

Dardonius. Steh auf, der Kranz ist dein.

Simplizius (steht auf). Die haben mich schön erwischt, das ist ein
Undank! Ich muß aussehn, wie ein Felberbaum. (Beutelt den Kopf.)

Dardonius. Und damit du meines höchsten Dankes Wert erkennst, so sollst du Unterfeldherr sein.

Simplizius. O Spektakel, jetzt nehmen s' mich gar zum Militär.
Unterfeldscherer muß ich werden.

Ewald. Der Mensch bringt mich zur Raserei.

Olinar. Das ist ein äußerst dummer Mensch.

Alle. Heil dir, Simplizius!

Höfling. Man bringt den Eber, hoher Fürst.

Simplizius. Was? Nun, den tät' ich mir noch ausbitten, da trifft mich gleich der Schlag.

Neunzehnte Szene. Vorige. Sechs Krieger bringen einen ungeheuren Eber auf einer Trage, welche sie in die Mitte der Bühne setzen.

Ewald. Ein sehenswertes Tier.

Simplizius. Ich schau ihn g'wiß nicht an.

Dardonius. Bewundre deine Riesentat.

Simplizius. Ah, das ist schrecklich, er ist schon wieder g'wachsen. (Zu Ewald.) Das Tier nimmt gar kein End', schauen Sie ihn nur an, mir scheint, er rührt sich noch, er ist nicht tot.

Dardonius. Ergötze dich an deinem Sieg!

Simplizius. Sie, halten S' mich, mir wird nicht gut. Ich verlier' meinen Lorbeer noch aus Angst. Der packt mich an, er hat ein Aug' auf mich, sehen Sie ihn nur an.

Ewald. So fassen Sie sich doch.

Simplizius. Reden S' nur nicht vom Fassen, sonst ist er gleich da.
Ich halt's nicht aus. (Schreit.) Euer Majestät, schaffen Euer Majestät den Eber fort.

Mehrere Höflinge. Wie, der König?

Simplizius. Da ist mir alles eins, wegen meiner die Königin. Nur fort mit ihm, es g'schieht ein Unglück sonst.

Dardonius. Was bebst du so?

Simplizius. Aus lauter Kraft, das ist der überflüss'ge Mut. Eine Lanzen! (Man reicht ihm eine Lanze—leise.) Daß ich mich halten kann, sonst fall' ich z'sammen. Fort mit ihm, nur fort, ich stech' ihn noch einmal z'sammen, den Sapperment, ich kenn' mich nicht vor Wut (beiseite) und vor Angst.

Dardonius. So bringt den Eber fort. (Für sich.) Der Mann ist mir ein Rätsel.

Olinar. Spricht so der Mut sich aus, dann bin ich auch ein Held.

Dardonius. Ihr seid gewiß, daß er, nur er, den Eber hat erlegt.

Die Krieger. Wir sind's.

Dardonius. Das ist mir unbegreiflich.

Simplizius (für sich). Mir schon lang.

Höfling (leise zum König). Er ist verstandlos und gemein.

Dardonius. Gleichviel. So lohnen wir die Tat, nicht den, der sie beging. Erhebet ihn und tragt ihn im Triumphe nach dem Tempel, dort schmückt ihn, wie die Sitte es erheischt. Leb' wohl, mein Held, ich folge bald.

(Die Krieger bilden mit ihren Schildern eine Treppe.)

Simplizius. Nein, was sie mir für eine Ehr' antun, zuerst tragen s' die Wildsau und nachher mich.—Da hinauf? Ah, das wird ein Triumph werden, wenn sie mich da herunterfallen lassen, da werd' ich auf meinen Lorbeern ruhn. (Steigt hinauf.)

Krieger. Es lebe Simplizius.

Simplizius. Jetzt heben s' mich auf einen Schild. Da heißt's beim grünen Kranz. Eine schöne Aussicht hat man da heroben. Nur Obacht geben, sonst heben wir noch was auf. (Der Marsch beginnt, man will ihn forttragen, er schreit.) He, Sapperment, ich hab' noch was vergessen. Halt, halt, die ganze Armee soll halten! (Man hält.) Euer Majestät, ich bitt', auf ein Wort.

Dardonius (tritt näher). Was verlangst du?

Simplizius (zu Ewald). Sie, kommen S' ein bissel her. Euer Majestät erlauben, daß ich Euer Majestät bei meinem Freund aufführ', er wünscht dero Bekanntschaft zu machen, und aus lauter Triumph hätt' ich bald drauf vergessen. Ha, ha, ha, empfehl' mich. (Zu den Kriegern.) Nur vorwärts mit dem Zug.

Chor (der Krieger).
Dank dem Helden, den die Götter
Mit des Löwen Mut gestählt,
Und den zu des Landes Retter
Gnädig waltend sie erwählt.

(Alles ab, bis auf)

Zwanzigste Szene.
Dardonius. Höflinge. Ewald. Aloe entfernt sich vom Fenster.

Höflinge. Ein sonderbarer Mann, ganz unwert solcher Ehre.

Dardonius. Du bist des tapfern Mannes Freund?

Ewald (beiseite). Was soll ich sagen. (Laut.) Das bin ich, edler Fürst. (Für sich.) Die Schande drückt mich fast zu Boden, daß ich dieses dummen Menschen Freund sein muß.

Dardonius. Er ist ein Held, wie mir noch keiner vorgekommen ist, und hat dem Lande Wichtiges geleistet, drum magst auch du auf die Gewährung eines Wunsches rechnen.

Ewald. Es ist ein Wunsch, der sich mit dieses Landes Ehre wohl verträgt. Ich will dein Aug' auf deines Reiches höchste Schönheit lenken, die nur bis jetzt in stiller Abgeschiedenheit gelebt.

Dardonius. Bring' sie zum Fest, verdient sie den Preis, soll er ihr nicht entgehen, doch ungerecht darf ich nicht handeln.

Ewald. So kühn ist meine Bitte nicht. Nur magst du sie nicht selbst mit einem Kranz von Rosen schmücken, es müssen edle Frauen deines Landes ein Myrtendiadem auf ihren Scheitel drücken.

Dardonius. Es soll geschehn, find dich nur bald im Tempel ein, denn eh' noch Phöbus' Rosse aus Poseidons Fluten trinken, muß unser Fest beendet sein; damit die Nacht, die aller Schönheit Glanz verdunkelt, dem ruhmbeglückten Tag nicht seinen Sieg entreißt. (Geht ab, die Höflinge folgen.)

Ewald (allein). Es kränkt mein Herz, daß ich dich, edler König, täuschen muß, weil dir ein kühner Augenblick erschütternd zeigen wird, wie sechzig unbarmherz'ge Jahre der holden Schönheit Bild in Häßlichkeit verwandeln. (Geht ab, in Aloes Haus.)

Einundzwanzigste Szene.
(Vorhalle in Aloes Wohnung.)

(In der Mitte des Hintergrundes stützt ein breiter praktikabler Pfeiler das Gewölbe, sodaß sich dadurch zwei Öffnungen bilden, wovon der Eingang zur Rechten durch eine drei Schuh hohe Balustrade, welche von der Kulisse bis zum Mittelpfeiler reicht, geschlossen ist. In diese Halle, welche im Dunkel gemalt ist, führt eine Seitentür nach Atritiens Zimmer. Die Halle links ist licht, weil sich auf dieser Seite ein Fenster befindet.)

Aloe tritt ein.

Aloe (aus Atritiens Gemach kommend und in dasselbe zurückrufend). Bleib du im Gemache nur (verschließt die Tür), er darf dich nicht früher sprechen, bis ich mit meinen Reizen erst in Ordnung bin. Vielleicht verliebt er sich dann wie Pygmalion in sein eignes Werk und gibt dir einen Korb. Hier ist er schon, der holde Mann!

Zweiundzwanzigste Szene.
Vorige. Ewald.

Ewald. Nun, hier bin ich, schnell zum Werk. (Gebieterisch.) Bereitet Euch, um schön zu werden.

Aloe (pathetisch). Wer wäre dazu nicht bereit, Erwartung spannt jede Faser, und Ungeduld zersprengt mir noch das Herz.

Ewald. Kniet Euch nieder, fleht die Götter an.

Aloe (kniet). Götter, die ihr tausend Himmel ausgeschmückt

mit Schönheit habt, öffnet eure Vorratskammern und das Füllhorn ew'ger Jugend gießet auf mein Haupt herab! Alles will ich gern erdulden; Werft mich in des Ätna Krater, speit er mich nur schön heraus; laßt mich tief im Meere verschmachten, bis ich mich in Schaum auflöse und als Venus neu ersteh'; schenkt mir Millionen Muscheln, wo nur eine birgt die Schönheit, und ich will sie alle öffnen, bis ich auf die rechte komme. Götter, laßt euch doch erbitten; denn ich stehe nicht mehr auf. (Breitet die Hände aus.)

Ewald. Steht wieder auf, jetzt seid Ihr schön.

Aloe (steht schnell auf). Wollt Ihr mich zur Närrin machen, ich seh' ja nicht die mindeste Veränderung an mir.

Ewald. Weil es hier zu dunkel ist, laßt mich erst die Leuchte schwingen. (Er schwingt die Leuchte und stellt sie in einen Ring des Pfeilers, doch so, daß die Halle links beleuchtet wird, die andere dunkel bleibt. Augenblicklich verwandelt sich Aloe in ein junges reizendes, rosig gekleidetes griechisches Mädchen, mit weißen Rosen geziert.) Nun beseht Euch in dem Spiegel. (Er hält ihr einen Handspiegel vor, der auf einem Tischchen liegt.)

Aloe. Nein, unmöglich, Venus blickt aus diesem Glase. Schwört mir, daß ich's selber bin.

Ewald. Ja, Ihr seid's, mein Haupt dafür.

Aloe (plötzlich stolz). Nun, ihr Weiber, die die Welt, blind genug, für schön erklärt, wagt es, euch mit mir zu messen, Bettlerinnen seid ihr alle. Ha, so groß ist meine Freude, daß ich dich umarmen muß. (Küßt ihn.)

Ewald. Sie gefällt mir selbst beinah, doch mich kann sie nicht verführen, denn will ich meine Liebe dämpfen, so lösch' ich nur die Fackel aus.

Aloe (für sich). Ha, er scheint sich zu verlieben; doch er ist mir jetzt zu wenig; nun muß ein König kommen, wenn ich meine Hand verschenke.

Ewald. Bald straft sich dein Übermut. (Gezogen.) Hört mich, schöne
Aloe.

Aloe (entzückt). Was verlangst du, holder Mann?

Ewald. Haltet nun auch Euer Wort, weil ich meines hab' erfüllt.
Laßt Atritien mich sprechen. Ruft sie mir.

Aloe. Wartet nur, ich hab' sie fest verschlossen. Na, die wird vor Galle bersten, wenn sie meine Schönheit sieht. (Sie geht durch die lichte Öffnung des Bogens. Wie sie hinter den Pfeiler tritt, bleibt sie stehen und eine andere von gleicher Größe, gekleidet wie Aloe als Alte war, geht ohne Pause statt ihr zur Seitentür in der dunkeln Halle, schließt sie auf und geht hinein. Wie sie die Tür ausschließt, spricht:)

Ewald (lachend). Ha, ha, nun ist sie wieder alt, weil sie die Fackel nicht bescheint.

Aloe (stürzt aus dem Gemache, wie sie zu dem Pfeiler kommt, wechseln die Gestalten). Wie geht das zu, daß mich Atritia nicht bewundert?

Ewald (für sich). Das glaub' ich gern. (Laut.) Ihr irrt Euch ja.
(Ruft.) Atritia, komm heraus!

Atritia (aus dem Gemach, eilt auf Ewald zu, ohne Aloe zu achten). Ich komme. Es ist seine Stimme, sag' Fremdling, ist es wahr, soll ich dein Weibchen werden?

Ewald. So ist's, doch sieh dich um.

Atritia. Ah, Himmel, was erblick' ich. Das ist die Göttin Venus selbst. (Fällt auf die Knie.) Nein, solche Schönheit hab' ich noch nie gesehen.

Aloe (triumphierend). O Labsal, Honig für den Stolz. Da kniet sie jetzt, die mich so oft verlacht.

Atritia (hält die Hände zusammen). Große Göttin, steh uns bei.

Ewald. Steh auf, es ist nur deine Muhme.

Atritia. Was sprichst du da? Die Muhme?

Ewald. Sie ist's, ich hab' sie so verschönert.

Atritia (steht auf). Die alte häßliche Aloe? Nicht möglich!

Aloe (bricht los). Du ungezogenes Kind, du wagst es, mein ehemaliges Ich häßlich zu nennen? Geh mir aus den Augen oder ich vergreife mich an dir. Der Ärger kostet mich das Leben.

Atritia. Ja, du hast schon recht, sie ist's; so spricht die Göttin
Venus nicht. O sag', wirst du mich auch verschönern?

Ewald. Du bist mir schön genug.

Atritia. Dann will ich auch nicht schöner sein.

Ewald. Doch nun leb' wohl. (Küßt sie.) Kehr' ich zurück, wirst du mein Weib und folgst mir in mein Vaterland. Lucina, weih' ihr deinen Schutz.

Aloe (noch immer zornig). Mich alt zu nennen, du

abscheuliches
Geschöpf! (Droht mit der Faust.)

Ewald. Jetzt mäßigt Euch, der Zorn vermindert Eure Schönheit. Folgt in den Tempel mir.

Aloe (nimmt sich zusammen). Ja, ich will mich mäßigen, denn meine Schönheit geht mir über alles. Ich folge Euch. (Wieder auffahrend.) Aber wenn ich zurückkomme—(Zu Ewald.) Geht nur voraus, ich bin die Sanftmut selbst. (Wieder auffahrend.) Gottloses Kind, ich—(faßt sich) nein, du sollst mich nicht um meine Schönheit bringen. Geht nur voraus, ich folge sanft, ganz sanft. (Trippelt steif und wirft immer wütende Seitenblicke auf Atritien.) Mich alt zu nennen!— Zittre, wenn ich wiederkomme!—Ganz sanft— ganz sanft! (Geht ab.)

Dreiundzwanzigste Szene.
Atritia, dann Lulu.

Atritia (allein). Ach, mein Geliebter ist ein Zauberer.

(Wolken fallen vor, Lulu steigt aus der Erde.)

Lulu. Und willst du ihn darum verlassen?

Atritia. Das tu' ich nicht, er hat auch mich bezaubert.

Lulu. So folge mir, ich will dich ihm bewahren. (versinkt mir ihr.)

Vierundzwanzigste Szene.
(Tempel der Venus.)

An jeder Seite ein Thron, und in der Mitte des Hintergrundes das
Bild der Göttin auf Wolken schwebend, vor diesem Stufen. Dardonius,
Olinar, Astrachan, Abukar, Nimelot, Priesterinnen der Venus mit
goldenen Fackeln. Edle Herren und Frauen von Kallidalos sind im
Tempel versammelt, der König besteigt den Thron.

Kurzer Chor.
Seht, die Göttin ist uns hold,
Lieblich strahlt der Locken Gold,
Und ihr anmutsreicher Blick,
Kündet unserm Lande Glück.

Dardonius. Die Göttin ist uns hold, sie nahm die Opfer gnädig auf.
Nun führt den Helden dieses wicht'gen Tags vor meinen Thron.

Fünfundzwanzigste Szene. Vorige. Simplizius mit einem goldenen griechischen Panzer geschmückt und die große Eberhaut umhängend, wird von Edlen hereingeführt.

Simplizius. Was s' mit mir alles treiben, jetzt nähn s' mich mitten im Sommer in eine Eberhaut ein, da möcht' einer doch aus der Haut fahren!

Dardonius. Edle Herren und Frauen von Kallidalos, hier steht der kühnste Jäger seiner Zeit.

Simplizius. Ich wollt', ich wär's, ich jaget euch alle davon.

Dardonius. Ihm ward das Glück, das Untier zu besiegen,

das unser Land verwüstet hat. Nun könnt ihr kühn den Wald durchstreifen, und eurer Felder Saaten sind durch ihn gerettet.

Simplizius. Aha, deswegen haben s' mich zum Feldscher g'macht.

Dardonius. Schon ruht auf seiner Stirn das Zeichen höchsten Ruhmes, und seine Schultern deckt des Tieres rauher Panzer. Nichts gleichet seinem Mut.

Simplizius (für sich). Mir steigen schon alle Ängsten auf, ich schwitz' mich noch zu Tod.

Dardonius. Darum ist meines ganzen Volkes Hoffnung nur auf dich gerichtet.

Simplizius (für sich). Nun, ich gratuliere.

Dardonius. Besteige jenen Thron und künde selbst, wozu ich dich ernannt.

Simplizius. O verflixt, mir verschlagt's die Red', und ich soll eine halten. Ah was, ich red' halt einen unzusammenhängenden Zusammenhang. Volk über alle Völkerschaften, der König hat mich unters Militär gegeben, und obwohl ich nicht das rechte Maß hab', so fühle ich mich doch über alle Maßen gerührt und so ergriffen, daß ich mich auf meinen Thron hier niederlassen muß, um alles zu verschweigen, was mir meine Bescheidenheit nie zu sagen erlaubt. (Setzt sich.)

Dardonius. Ich hab' zum Unterfeldherrn ihn ernannt. Du bist ein größerer Held, als du ein Redner bist. Nun reicht den Fraun das Myrtendiadem, wie ich es angeordnet habe, und laßt die Mädchen um den Preis der Schönheit buhlen.

(Schmelzende Tanzmusik. Zwölf Mädchen, so gekleidet wie Aloe nach ihrer Verwandlung, doch weiße Kleider mit roten Rosen geziert, beginnen anmutige Gruppierungen vor dem Thron des Königs. Endlich bildet die Gruppe ein Tableau, das in seiner Mitte einen Raum läßt, in welchen Aloe tritt, die während den Bewegungen von Ewald mit der Fackel hereingeführt wurde und die Gruppe schließt. Ein Knabe bringt den Frauen die Myrtenkrone auf einem Kissen.)

Dardonius (mit Entzücken). Jene ist's, die einer diamantnen Rose gleich die zarten Perlen überschimmert. (Er steigt vom Thron und führt Aloe vor.) Ihr Frauen, krönet sie, nur ihr gebührt der Preis.

Simplizius (für sich). Die Alte hat sich ausg'wachsen, jetzt kauft man s' für eine Junge.

Dardonius. Sagt selbst, welch Land hat solch ein Mädchen anzuzeigen?

Die Männer. Erstaunen fesselt unsre Sinne.

Simplizius (für sich). Das ist der schönste Betrug, der mir noch vorkommen ist.

Dardonius. Warum zögert ihr, geehrte Frauen, ist sie nicht eurer
Krone wert? (Pause.) Antwortet doch.

Frauen. Ja, sie ist uns—

Dardonius. Was ist sie euch?

Simplizius. Zu schön ist sie ihnen, das ist die ganze G'schicht'.

Frauen. Sie ist uns an Schönheit überlegen.

Simplizius. Das hat was braucht, bis das herauskommen ist. Morgen sind s' alle krank.

Frauen (setzen ihr das Diadem auf). Du, schöner als wir alle, sei des Festes Königin. (Die Frauen führen Aloe in den Hintergrund auf die Thronstufen und reihen sich zu beiden Seiten.)

Simplizius. Jetzt kriegt die auch einen Kranz! Der setzet ich was anders auf.

Alle. Heil der Königin des Festes.

Simplizius. Was die heut schreien, das ganze Volk wird heis'rig noch.

Dardonius. Simplizius, jetzt kann ich erst nach Würde dich belohnen; nimm dieses Mädchens Hand, sie sei dein Weib.

Simplizius. Das alte Weib? Jetzt wär' ich bald vor Schrecken über den Thron herunter g'fallen. Die nehm' ich nicht.

Dardonius. Bist du verwirrt, dies hinreißende Geschöpf?

Simplizius. Mich reißt sie nicht hin, ich hab' s' in ihrer alten Negligé schon g'sehn.

Dardonius. Du mußt sie nehmen, wenn du nicht dein Amt verlieren willst.

Simplizius. Wegen meiner schon. (Steigt vom Thron — für sich) Ich will doch lieber die Feldschererei verlieren, als die Schererei mit der Alten haben.

Dardonius. Wie. du wagst es, dem Gesetz zu widersprechen?

Ewald (leise). So nehmen Sie sie doch. Verraten Sie nur nichts, ich leih' Ihnen die Fackel.

Simplizius. Hören Sie auf, ich will ein Weib haben, die auch in der
Finsternis schön ist, nicht eine, die man erst illuminieren muß.
(Laut.) Ich nehm' sie nicht. Will s' vielleicht ein andrer?

Die Männer. Wir alle sind bereit, sie zu freien.

Simplizius. Nun also, reißender geht s' weg. Das Weibsbild foppt das ganze Land.

Dardonius. Noch nicht genug. Um zu beweisen, wie man in Kallidalos
Schönheit ehrt, erwähl' ich selbst zu meiner Gattin sie.

Alles. Es lebe unsre Königin!

Simplizius. Jetzt wird s' gar Königin! Ich fahr' aus der Haut.

Dardonius. Und augenblicklich lass' ich mich vermählen.

Aloe (macht Zeichen des Entzückens).

Simplizius Der König treibt's. (Zu Ewald.) So löschen S' doch die
Fackel aus, er heirat' ja die Katz' im Sack.

Ewald. Entsetzliche Verlegenheit, was soll ich nun beginnen?

(Donnerschlag, das Bild der Venus verschwindet. Lucina ist statt ihr in einer Wolkenglorie sichtbar.)

Lucina. Die Täuschung geht zu weit, legt ab die Kränze, die euch nicht gebühren. (Sie nimmt der unter ihr stehenden Aloe den Kranz ab, und Simplizius' Lorbeer fliegt ihr in die Hand.) Nun fort nach Agrigent.

(Ewald und Simplizius verschwinden. Wie die Fackel unsichtbar wird, verwandelt sich Aloe in ihre wahre Gestalt. Das Bild der Venus erscheint wieder an der alten Stelle.)

Alle. Was ist geschehen?

Dardonius. Die Fremden sind verschwunden? Wo ist die Braut, die ich erwählt?

Aloe (auf den Stufen). Hier bin ich, edelster Gemahl.

Dardonius. Welch häßlich Weib? Wie kommst du in den Tempel?

Aloe. Ich bin ja Aloe, die du erwählt. Ich schwör's bei meiner
Jugend.

Alle. Betrug!

Dardonius. Zauberei! Peitscht aus dem Tempel sie. O Scham, vernichte mich. (Stürzt ab.)

(Man reißt Aloe von den Stufen.)

Chor.
Hinaus, hinaus, du Ungetüm,
Entweih' den Tempel nicht,
Erzittre vor des Königs Grimm,
Auf, schleppt sie vors Gericht!

(Sie wird hinausgejagt.)

Sechsundzwanzigste Szene. (Der Wald mit der Pforte der Eumeniden, auf welcher die drei Siegel glühen. Nacht, Mondlicht.)

Lucina mit den Kränzen. Kreon.

Lucina. Komm, mein Kreon, der Sieg ist uns gelungen.

Kreon. So hättest du Unmögliches errungen?

Lucina. Bald wird dein Leid die höchste Freude lohnen,
Der Orkus ist beschämt, hier sind die Kronen.

Kreon. Hell leuchten sie, drei Sonnen, durch die Nacht.
Wie schnell flieht Schmerz, wenn uns die Hoffnung lacht.

Lucina. Nun knie' dich hin und senk' dein Aug' zur Erd',
Daß es der grause Anblick nicht versehrt.
Denn Rhea ächzet, und die Sterne wimmern,
Sehn sie den Dolch der Eumeniden schimmern.
  (Kreon kniet und beugt sein Haupt, Lucina legt die Kränze auf
den Opferstein.)
Drei Krönen ruhen auf dem kalten Stein!
Ich opfre sie—
  (Eine Flamme erscheint und verzehrt scheinbar die Kränze.)
            Nun, Flamme, schließ sie ein.
Schmelzt, Siegel! Pforte, öffne deinen Rachen.
  (Die Siegel verschwinden, die Pforten springen unter schrecklichem Gekrache auf.)
Herauf, herauf, ihr rachedurst'gen Drachen,
  (Das Heulen des Windes.)
Blick' ja nicht auf, es kostet dich das Leben.
Die Eumeniden nahn, selbst mich ergreift ein Beben.

(Sie beugt ihren Leib gegen die Erde, der Sturmwind heult. Klagende
Sturmmusik. Ein blauer Blitz fährt aus der Höhle.)

Siebenundzwanzigste Szene.
Vorige. Tisiphone, Megäre, Alecto, ganz grün gekleidete Furien, das
Haupt mit Vipern umwunden, eilen, bläulichte Fackeln und blinkende
Dolche schwingend, aus der Pforte.

Alle drei (blicken auf den Mond—im tiefen Ton).
Der Mond, der Mond, er scheint zur rechten Stunde,
Wacht auf, wacht auf, die Rache hält die Runde.

(Sie gehen gemessenen Schrittes über die Bühne.)

Lucina. Es ist geschehn, bald ist dein Feind gerichtet,
Und so der Streit mit banger Welt geschlichtet.
Nun folg', es harren dein, auf mein Geheiß,
Die Edlen all im liebverschlungnen Kreis.
Von tausend Lampen schimmert dein Palast,
Der kaum den Jubel seiner Gäste faßt.

(Beide ab.)

Achtundzwanzigste Szene.
Die goldgezierte runde Marmorhalle, das Schlafgemach Phalarius',
durch zwei kerzenreiche Kandelaber erleuchtet. An der Seite sein
Lager, neben diesem brennt auf einem Postamente eine Lampe.
Gegenüber eine Pforte aus Ebenholz.)

Phalarius tritt auf, hinter ihm Androkles tief gebeugt.

Phalarius. Laßt sehn, wie lang mein stolzer Nachbar sich

noch
brüstet,
Wo sind die Feldherrn? Ist mein ganzes Heer gerüstet?

Androkles. Es harret mutentbrannt der Krieger rüst'ge Schar.

Phalarius (lachend).
Vergebens glüht der Mut, vermeidet ihn Gefahr.
Nun lösch' die Lichter aus, laß Dunkelheit herein,
Entfern' dich dann (beiseite, mit Grimm)
und überlaß mich meiner Pein.

(Androkles löscht die Lichter aus bis auf die Lampe, beugt sich tief und geht bangend ab. Das Gemach wird finster.)

Neunundzwanzigste Szene.

Phalarius (allein).
Ein kluger Hauswirt schließt des Nachts die Tür,
Ich ahm' es nach. (Schließt.) So, nun bin ich allein mit mir.
    (Erschrickt.)
Allein?—Ein falsches Wort, wer kann das von sich sagen.
Schickt nicht die Einsamkeit Gedanken, die uns plagen?
Was sind Gedanken, die im Aufruhr sich versammeln,
Das Hirn bedrohn und der Vernunft das Tor verrammeln?
Gemeiner Troß nur ist's, den man nicht achten muß,
Der König der Gedanken ist nur der Entschluß.
Drum hab' ich es auch fest mit Marmorsinn beschlossen,
Wie Phöbus, groß und hehr, mit feuersprühnden Rossen
Des Himmels Reich durchzieht, auf goldnem Strahlenwagen,
So will ich durch die Erd' das Licht der Krone tragen.
Die Sonn' am saphirblauen Zelt glänz' nicht allein,
Ich will die Zweite auf smaragdnem Grunde sein.

Von Äthiopiens Sand, wo glühnder Samum hauset,
Bis an des Nordpols Eis, wo Boreas erbrauset,
Muß mein Panier, mit weithinschaundem Stolze prangen.
Poch ruhiger, mein Herz, gestillt wird dein Verlangen.

(Er legt die Pantherhaut und seine Waffen ab, doch die Krone nicht und streckt sich aufs Lager.)

Besuch mich, falscher Schlaf, der selten mein gedenkt,
Und sich nur gern auf kummerlose Augen senkt.
Verlisch, o Lampe, lischt doch einst die Sonne aus,
Dann wird es finster sein im großen Weltenhaus.

(Er löscht die Lampe aus, augenblicklich sieht man bei seinem Haupte drei glühend rote Geister sitzen, welche unverwandt nach seiner Krone blicken, sie sind früher hinter dem Ruhebett verborgen und heben erst setzt zugleich ihre Häupter.)

Wie eklig still!—Was wär' das Leben ohne Streit?
Die Scheide ohne Schwert—(schreit auf).
 Wer da? (Erblickt die Geister.)
 Ha ihr, auch heut?

Die drei Geister (zugleich, eintönig und hohl).
Wir bewachen die Krone mit Uhusblick,
Schlaf ruhig, schlaf ruhig, nichts störe dein Glück.

Phalarius (laut auflachend).
Mein Glück!—Wie bin ich doch so glücklich nun durch euch,
Der Wunsch verarmt, ist die Erfüllung überreich.
O Wahn, der über Leides Abgrund Brücken baut,
Weh dem, der ihren luft'gen Bogen keck vertraut.
Verzweiflungsvolles Glück, das selber sich entleibt,
Du machst mich arm, das mir nichts als die Krone bleibt.

Die Kron'? Beim Styx, ich will sie fürchterlich benützen,
Verderben soll von ihren glühnden Zacken blitzen,
Ich räche meine Qual, wer will mich daran hindern?

(Es pocht an der Pforte.)

Alecto (dumpf).
Der Eumeniden Dolch.

Megäre. Vernichtung allen Sündern.

Die drei Geister.
Die Eumeniden hier, der Orkus hat geendet.

(Verschwinden.)

Phalarius (springt auf).
Wer pocht so frech, sag' an, wer dich so spät noch sendet?

(Leises Pochen.)

Alle drei. Mach' auf, fein Königlein, wir wünschen dich zu sprechen.

Phalarius. Was wollt ihr mir?

(Die Tür springt mit einem Donnerschlage auf, alle drei treten zugleich ein.)

Alle drei. Wir strafen dein Verbrechen.

Phalarius (entsetzt).
Ha, die Erynnien!

Alle drei. Bereu', du mußt erbleichen.

Phalarius. Die furchtbar Rächenden!

Alle drei. Die jede Tat erreichen.

Phalarius. Zurück, verfluchte Furien, mich schützt die Kron'.

Alecto. Sie schützt dich nicht, der Orkus schweigt; denk' an Kreon!

Phalarius. Ich hasse ihn wie euch.

Tissiphone. Denk' an Aspasien!

Megäre. An 'n Brand von Agrigent!

Alecto. Gedenk', du mußt vergehn!

(Sie drängen ihn aufs Lager.)

Phalarius. Ich denke nichts als Blut.

Alecto. So denke an den See!

(Ein Teil der Kuppel stürzt ein, sodaß sich ein rund ausgebrochenes
Loch zeigt, durch welches der Vollmond aufs Lager scheint.)

Phalarius. Weh mir, des Mondes Strahl!

(Die Eumeniden senken ihre Dolche in seine Brust.)

Alle drei. Vergeh! Vergeh! Vergeh!

(Pause—während welcher sie in die Mitte des Theaters treten.)

Der Mond, der Mond, er schien zur rechten Stunde,
Ihr Sünder, bebt, die Rache hält die Runde.

(Gehen gemessenen Schrittes ab.)

Dreißigste Szene.

Hades (aus der Tiefe, naht sich langsam dem Lager Phalarius').
   (Feierlich.)
Gib mir zurück die Kron', du bleiches Heldenhaupt.
   (Nimmt sie ihm ab.)
Da liegt der stolze Baum, zersplittert und entlaubt.
Hell glänzt die Kron', nun will die gier'ge Welt ich fragen;
Wo ist der Kühne wohl, der sie nach ihm will tragen?

(Versinkt.)

Einunddreißigste Szene.
(Reichverzierter beleuchteter Thronsaal.)

Der Thron befindet sich in der Mitte des Hintergrundes. Durch die Säulen des Saales sieht man in einen reizenden, ebenso beleuchteten Garten. Kreon auf dem Thron. Alle Edlen seines Reiches umgeben ihn jubelnd. Im Vordergrunde auf der einen Seite Ewald mit der Fackel und Simplizius, Lucina, Atritia und zwei Genien, die auf einem Kissen eine Krone tragen, auf der entgegengesetzten Seite Triumphmusik.

Alles. Dank den Göttern! Ew'ges Glück unserm teuern König Kreon!

Kreon. Heil, meinen edlen Freunden, es stürmt mein Herz, mein Auge perlt Freude! Nehmt eures Königs frohen Dank, der sich in eurer Mitte überglücklich fühlt.

(Alles kniet in schönen Gruppen um den Thron.)

Alle. Heil unserm guten König!

Ewald. Arme Fackel, deine Macht ist übertroffen; an diesem Anblick kannst du nichts verschönern.

Simplizius. Das ist mir der liebste König von allen, die ich heut noch g'sehn hab'.

Kreon. Doch nun laßt uns der hohen Göttin danken, die Thron und
Reich gerettet hat.

Alles. Der hehren Göttin Dank!

Lucina. Sei glücklich, mein Kreon, Phalarius ist nicht mehr. (Nimmt
den Myrtenkranz.)
Nimm diese Kron', von liebgepaarten Myrten,
Laß dir die edle Stirne zart umgürten!
Durch sie wird dein Gemüt nie Leid betrüben,
Und stets wird dich dein Volk mit Treue lieben.

Kreon. Verzeih, Lucin', ich darf die Kron' nicht nehmen,
Nimm sie zurück, sie würde mich beschämen.
Es soll auch ohne Zauber mir gelingen,
Die Liebe meines Volkes zu erringen.
Und drückt es Leid in unglücksvollen Tagen,
Ist es des Königs Pflicht, mit ihm zu klagen.

Lucina (zu Ewald, welchen sie Atritien zuführt).
Nimm sie zum Lohn, Atritiens Hand und Herz sei dein,
Benütze klug der Wunderfackel ros'gen Schein,
Du kannst von deinem Glück nichts Höheres erheischen,
Die eine liebt dich wahr, die andre wird dich täuschen.

Simplizius. Wenn's nicht etwa umgekehrt ausfallt.

Lucina. Und nun zu dir, Simplizius.

Simplizius. Jetzt kommt s' auch über mich.

Lucina. Du warst ein willig Werkzeug meiner Macht.
Dich wird der König hier auch nach Verdienst belohnen.

Simplizius. Auf d' Letzt setzen s' mir noch einen Lorbeer auf.

Kreon. Man zahle ihm tausend Goldstücke aus!

Simplizius (beiseite). Ich hab's ja gleich g'sagt, daß mir das der
Liebste ist. (Laut.) Ich küss' die Hand, Eure Majestät. (beiseite.)
Jetzt richt' ich eine Schneiderwerkstatt auf und heirat' die Göttin,
das wird ein himmlisches Leben werden.

Kreon (zu Ewald). Dich, Fremdling, werde ich stets an meinem Hose ehren und durch ein Amt belohnen.

Ewald. Mein großer König, Dank!

Lucina. Mögt ihr doch lange noch verdientes Glück besitzen,
Lucina wird euch stets mit Huld und Lieb' beschützen.

(Ein rosiges Wolkenlager senkt sich nieder, von Genien umflogen.
Lucina legt sich in zarter Stellung auf dasselbe und schwebt in die
Luft. Kreon besteigt den Thron. Alles gruppiert sich. Griechische
Tänzer und Tänzerinnen führen Gruppen aus, von folgendem Chore

begleitet:)

Chor.
Schmückt mit Freude diese Hallen,
Laßt des Jubels Ruf erschallen,
Heil Lucina! Heil Kreon!
Tugend findet froh den Lohn.

(Der Vorhang fällt.)

www.ingramcontent.com/pod-product-compliance
Lightning Source LLC
Chambersburg PA
CBHW020127170426
43199CB00009B/669